II. Le sujet lyrique : *je* autobiographique ou *je* fictif ?

III. Le destinataire lyrique

IV. Le lyrisme en questions

ISBN : 2-08-072173-9
ISSN : 1269-8822

HISTOIRES DU LYRISME

Le lyrisme : itinéraire d'un néologisme

Le substantif « lyrisme » n'apparaît que très tardivement : néologisme forgé par les poètes romantiques au XIXe siècle, il désigne un style élevé, une exaltation, un enthousiasme propres aux poètes lyriques, voire une façon de vivre passionnée et poétique. On voit d'emblée que le mot recouvre des réalités très différentes, et donc que sa signification est très vague. En effet, le genre littéraire de la poésie lyrique n'est qu'une acception parmi d'autres du lyrisme : c'est le premier indice de la difficulté que l'on rencontre à vouloir définir ce genre et donc à en délimiter les contours. Le détour par l'adjectif « lyrique », racine du mot « lyrisme », est plus éclairant : apparu au XVIe siècle pour qualifier ce qui est « relatif à la lyre », autrement dit à l'instrument de musique qui est à l'origine du mot, il a vite désigné les poètes antiques qui composaient des poèmes destinés à être accompagnés par une lyre. Le sens de l'adjectif s'élargit au cours du XVIIIe siècle et caractérise des poèmes qui expriment les sentiments intimes du poète et, dans le domaine théâtral, des œuvres destinées à être chantées (ainsi parle-t-on encore aujourd'hui d'« art lyrique » pour l'opéra). Peu à peu, le mot étend sa sphère de significations pour prendre d'autres acceptions ; ainsi, au XIXe siècle, il désigne toute œuvre de style poétique, en prose ou en vers [1] et, au XXe siècle, il prend

1. Aujourd'hui, on observe une certaine confusion entre les adjectifs « lyrique » et « poétique » : l'enjeu est donc aussi de déterminer avec plus de précision ce que peut être le lyrisme littéraire.

une connotation péjorative pour devenir synonyme, hors de toute référence artistique, d'« excessif », de « trop enthousiaste ».

Le substantif « lyrisme » et l'adjectif « lyrique » se caractérisent donc par leur polysémie et par l'ampleur de leurs dénotations ; ils font référence à l'origine musicale de la poésie, désignent aussi, dans le système des genres littéraires, une forme de poésie subjective et personnelle, et leur sens s'est peu à peu élargi jusqu'à revêtir une connotation péjorative qu'ils n'avaient pas d'abord. Retracer l'histoire du lyrisme et de la poésie lyrique permettra peut-être de comprendre comment ces mots ont pu signifier tant de choses différentes.

Le lyrisme dans l'Antiquité

L'histoire du lyrisme est celle de la lente constitution d'un genre, qui ne s'est pas faite sans difficultés. Ainsi, alors même qu'il est apparu dans la plus ancienne Antiquité, le lyrisme, au cours de cette période, n'a pas atteint la dignité d'autres genres littéraires. On peut dater la naissance du lyrisme des VIIe ou VIe siècles av. J.-C. : à cette époque, des poètes itinérants parcourent la Grèce en proposant leurs œuvres à des auditoires divers ; il ne s'agit pas seulement alors de poésie, mais d'une synthèse de parole, de danse et de musique ; il ne nous en reste aujourd'hui que quelques fragments, grâce auxquels nous avons connaissance des premiers poètes lyriques, qui ont pour nom Archiloque, Anacréon, Sapho ou Pindare. Cependant, la poésie lyrique n'est pas encore constituée comme genre : il lui manque une approche générale et théorique qui permettrait d'unifier ces œuvres diverses autour d'une définition du genre. Platon, le premier, en propose une au Vᵉ siècle av. J.-C. : dans ses différents dialogues, il classe cette poésie dans l'ensemble plus large de la *mousikè*, qui comprend la musique, le chant et la danse. On ne parle pas encore de poème mais de *melos*, autrement dit de « chant » : c'est dire que le poème lyrique n'est pas considéré par Platon comme un objet indépendant, mais comme un art musical qui se rapproche de la chanson. Comme le rappelle Gustavo Guerrero[1], ces compositions poétiques « étaient surtout destinées à la performance publique ou collective, au symposium[2] ou aux cérémonies, et constituaient par définition une poésie pour la voix ».

L'importance grandissante de l'écriture et le passage d'une poésie orale à une poésie écrite expliquent donc en partie le déclin du lyrisme grec : puisque le *melos* était avant tout une performance et un spectacle, la constitution progressive d'une littérature écrite l'exclut de fait des genres littéraires. C'est finalement la *Poétique* d'Aristote, l'une des premières théories générales de la littérature, qui légitime l'exclusion : ce texte, en effet, évoque à peine la poésie lyrique, juste pour rappeler que « le poète doit être poète d'histoires plutôt que de mètres[3], puisque c'est en raison de la représentation (*mimèsis*) qu'il est poète, et que ce qu'il représente, ce sont des actions ». Ainsi, le fait qu'Aristote fonde la littérature sur la notion de *mimèsis*, autrement dit sur la représentation des actions, la limite à trois grands genres : l'épopée (poésie narrative), la comédie et la tra-

---

1. Voir Pour en savoir plus, p. 129.
2. *Symposium* : banquet.
3. *Mètres* : mesure d'un vers, puis le vers lui-même.

gédie (poésie dramatique). Que faire, dès lors, de la poésie lyrique, puisqu'elle ne représente aucune action ? Est-ce à dire qu'elle n'a pas sa place dans une théorie générale de la littérature ?

Il faut ainsi attendre les IIIe et IIe siècles av. J.-C. pour voir la constitution du genre lyrique proprement dit, et pour que la poésie lyrique soit considérée comme un genre littéraire à part entière : c'est la construction du « canon alexandrin », autrement dit la liste des neuf poètes de l'âge lyrique grec – parmi lesquels Pindare, Sapho ou Anacréon –, qui donne une première homogénéité à ce genre. Ce n'est pas par hasard si à la même époque apparaît l'adjectif *lurikos* pour qualifier ces poètes : la poésie lyrique est née, rétrospectivement, lorsque le « canon alexandrin » a reconnu l'existence de ce genre en relevant les traits communs des œuvres des neuf poètes. L'influence du « canon alexandrin » fut importante tout au long de l'Antiquité, et suffit à elle seule à faire vivre le genre lyrique : ainsi le poète latin Horace s'en inspire et multiplie dans son œuvre les références au chant et à la lyre, ces allusions identifiant alors sa poésie comme lyrique. L'Antiquité s'achève donc sans avoir donné une théorie littéraire du genre lyrique, ni même une définition permettant de rendre compte des textes qui le composent.

Le Moyen Âge et la Renaissance : naissance du lyrisme français

Les poètes du Moyen Âge français renouent avec la tradition des premiers poètes lyriques grecs : les trouvères fondent leur poésie sur la performance orale et proposent eux aussi, comme leurs illustres aînés, une synthèse de plusieurs arts. Si la danse ne semble plus faire partie intégrante de l'art lyrique, celui-ci est encore une alliance de la parole et du chant. C'est au XIIe siècle qu'apparaît la première poésie occidentale en langue vulgaire (autrement dit en ancien français, et non plus en latin) : les troubadours, en langue d'oc, et un siècle plus tard les trouvères, en langue d'oïl, inventent une poésie lyrique tournée vers l'expression de l'amour courtois. La forme dominante est celle de la *canso*, la « chanson », dont le nom montre à quel point ce premier lyrisme médiéval est indissociable de son accompagnement musical. Comme le note Paul Zumthor [1], « le fait capital, en effet, mais aussi le moins saisissable, c'est le caractère musical de la chanson. Verbe et mélodie procèdent d'un élan unique, s'engendrent réciproquement en un rapport si étroit que toute analyse devrait porter simultanément sur l'un et l'autre ».

À ce titre, le XIVe siècle marque un tournant important dans l'histoire du lyrisme : c'est à cette époque que, sous l'impulsion de Guillaume de Machaut, la poésie lyrique s'affranchit de son accompagnement musical. Dans *Le Livre du Voir Dit*, il distingue les poèmes destinés à être chantés et ceux qui n'ont aucun accompagnement

1. Paul Zumthor, *Essai de poétique médiévale*, Seuil, coll. « Poétique », 1972.

musical[1]. La poésie lyrique peut dès lors se constituer comme un genre littéraire indépendant : en se détachant de la musique et du chant, elle devient une œuvre purement littéraire. Cette période correspond aussi à une véritable explosion des formes lyriques : en s'inspirant des anciennes formes musicales, Guillaume de Machaut, Eustache Deschamps, Charles d'Orléans ou François Villon mettent à l'honneur les formes de la ballade*[2], du chant royal*, du rondeau* ou du virelai*. En fait, les poètes lyriques n'abandonnent pas totalement l'accompagnement musical, mais ils le transposent simplement dans les formes poétiques et dans la versification. Après la musique instrumentale, c'est la musique des mots que le lyrisme purement littéraire donne à entendre : les rythmes et les sons, jusque-là pris en charge par l'accompagnement musical, sont à présent produits par les seuls mots.

La Renaissance correspond au couronnement de la poésie lyrique, grâce d'abord à Clément Marot, qui joue un rôle essentiel dans la transition du lyrisme médiéval au lyrisme renaissant. En effet, il poursuit l'héritage du Moyen Âge en usant des anciennes formes, telles que le rondeau ou le virelai. Mieux, il renoue avec l'art des premiers trouvères, puisque certains de ses poèmes, que l'on désigne par le nom de « Chansons », furent mis en musique et destinés à être chantés. Poésie lyrique d'inspiration simple, proche du style des chansons populaires, la « chanson » telle que Marot la pratique se situe donc, très directement, dans la tradition musicale du

1. Voir l'extrait du *Livre du Voir Dit*, p. 43.
2. Les astérisques renvoient au glossaire, p. 131.

lyrisme. Mais, parallèlement à cet usage de formes anciennes, Marot introduit des formes nouvelles, soit imitées des grands genres de l'Antiquité, comme l'élégie*, soit importées de l'Italie du Quattrocento[1], comme le sonnet*. Si les poètes de la Pléiade rejettent l'héritage médiéval, ils poursuivent l'œuvre de Marot en exploitant les formes que celui-ci a introduites en France ; aussi les premiers poèmes publiés par Ronsard sont-ils des *Odes* (1550), comme les formes poétiques défendues par du Bellay dans sa *Défense et illustration de la langue française* (1549) sont l'élégie et le sonnet. C'est toujours en se réclamant de la tradition lyrique que ces poètes revendiquent l'usage de ces formes : Ronsard s'affirme ainsi, dans la préface du premier livre des *Odes*, comme « le premier auteur lyrique français ». Quant à du Bellay, il fixe au poète la tâche de chanter « ces odes inconnues encore de la Muse française, d'un luth bien accordé au son de la lyre grecque et romaine ». Le lyrisme triomphe avec la Pléiade, et finit par constituer un genre littéraire à part entière, non moins digne que l'épopée.

XVIIe-XXIe siècles : le lyrisme, de l'ombre à la lumière

Les poètes de l'âge baroque élargissent considérablement le champ de la poésie, au sein duquel le lyrisme tend à s'effacer. Néanmoins, la poésie amoureuse et le lyrisme religieux contribuent à lui donner encore un peu

1. *Quattrocento* : XVe siècle, en italien ; plus largement, le mot désigne la Renaissance italienne dans les arts.

d'importance. Celle-ci va considérablement décroître dans la deuxième moitié du XVIIe siècle : la poésie reste présente dans le classicisme, mais elle est surtout héroïque, religieuse, galante ou mondaine ; nulle place, dès lors, pour la tradition lyrique. Si l'on a souvent l'image d'un siècle dénué de poésie, c'est parce qu'il met au second plan la poésie lyrique, lui préférant d'autres genres poétiques que les siècles précédents avaient peu pratiqués. La poésie lyrique reste dans l'ombre durant toute la période classique, c'est-à-dire jusqu'à la fin du XVIIIe siècle, qui consacre la victoire de la prose au détriment du vers[1]. Cela ne signifie pas pour autant que le lyrisme ait totalement disparu : il s'est en fait réfugié dans des genres autres que la poésie, dans la tragédie du XVIIe siècle par exemple, ou dans les écrits autobiographiques du XVIIIe siècle[2]. Cela montre certes que la poésie lyrique connaît une crise durable dans l'esthétique classique, mais aussi que le lyrisme ne se limite pas à son expression poétique : on peut le retrouver dans le théâtre ou dans le récit.

La fin du siècle des Lumières, que l'on appelle souvent, par une illusion rétrospective, le préromantisme, correspond à un retour au premier plan de la poésie lyrique. André Chénier en est le principal artisan : entre 1785 et 1794, il compose des *Bucoliques*, des *Élégies* et des *Odes* qui se rattachent, de manière évidente, à la tradition lyrique. Ce faisant, il ouvre la voie au renouveau romantique, véritable explosion poétique qui constitue, sous l'influence du romantisme allemand, l'apogée de la

1. Rousseau a ainsi noté, dans l'un de ses carnets : « Comment être poète en prose ? »
2. Sur ce point, voir dossier, p. 127.

poésie lyrique. Au moment où la littérature tout entière se comprend comme *expression* du réel, et non plus comme son *imitation* (selon la doctrine aristotélicienne de la *mimèsis*), la poésie lyrique devient le genre littéraire par excellence. En mars 1820 paraissent *Les Méditations poétiques* de Lamartine : c'est l'acte de naissance de la poésie romantique, en même temps que le signe d'un retour au premier plan du lyrisme poétique. Dès 1822, Hugo publie ses *Odes*, suivies par les premiers recueils de Vigny et de Musset. Le lyrisme connaît alors son âge d'or et se trouve redéfini : dans l'esthétique romantique, le *moi* du sujet lyrique est mis en avant, et compte au moins autant que la musicalité du lyrisme par laquelle on caractérisait le genre jusque-là. Avec les poètes romantiques, le lyrisme passe donc d'un régime musical à un régime énonciatif : c'est de cette époque que l'on peut dater la conception qui fait du lyrisme l'expression des sentiments et des émotions d'un *moi* omniprésent[1]. La dimension musicale reste néanmoins présente, principalement chez les successeurs des romantiques, comme les symbolistes : dans la poésie, Verlaine demande ainsi « de la musique avant toute chose[2] ». C'est finalement le nouveau versant du lyrisme, c'est-à-dire celui de l'expression subjective, qui pose problème après l'âge romantique. Les poètes qui s'y sont illustrés ont en effet donné sa pleine mesure au *moi*, et l'emphase de leur poésie n'a fait que souligner l'omniprésence de ce sujet lyrique. Dès la fin du XIXe siècle, les critiques se multiplient à l'encontre du lyrisme romantique, et d'abord de

1. Voir la deuxième partie de l'anthologie, et plus précisément « Le *moi* romantique, ou le tournant du lyrisme », p. 57.
2. Voir « Art poétique », p. 49.

sa dimension subjective : Nietzsche refuse la possibilité qu'existe un art subjectif[1], Rimbaud réclame l'avènement d'une poésie objective, Flaubert raille les mièvreries romantiques et affirme qu'il faut « couper court avec la queue lamartinienne et faire de l'art impersonnel ; ou bien, quand on fait du lyrisme individuel, il faut qu'il soit étrange, désordonné, tellement intense enfin que cela devienne une création[2] ».

Le lyrisme a dû affronter de nombreuses critiques, qui n'ont jamais vraiment faibli après le romantisme. Toutefois, au lieu de disparaître au second plan de la production poétique, comme il l'avait fait au moment du classicisme, il a su s'adapter et se renouveler, pour faire face à ces reproches et proposer une poésie débarrassée des éléments les plus caricaturaux que le romantisme lui avait légués. Mallarmé répond à la critique de la subjectivité par un lyrisme impersonnel, qui met en scène la « disparition élocutoire du poète[3] » ; Baudelaire invente un lyrisme fondé sur la laideur, dans lequel le monstrueux devient un objet esthétique[4] ; Corbière et Laforgue[5] proposent un lyrisme ironique, très éloigné de l'emphase romantique. Quant aux poètes contemporains, ils renouvellent le lyrisme par la simplicité et la banalité, comme Goffette, par le prosaïsme et le sublime, comme Stéfan, ou par la veine autobiographique, comme

1. Voir l'extrait de *La Naissance de la tragédie*, p. 78.
2. Dans une lettre à Louise Colet, datée de janvier 1854.
3. Voir l'extrait de *Crise de vers*, p. 75.
4. Voir l'exemple que constitue « Une charogne », p. 107.
5. Voir « Le Crapaud » et la « Complainte des Printemps », respectivement p. 112 et p. 110.

William Cliff[1]. Le lyrisme, qui a survécu aux crises qu'il a dû traverser, constitue aujourd'hui l'une des tendances les plus fortes et les plus tenaces de la production poétique contemporaine. Du VIIe siècle av. J.-C. au XXIe siècle de notre ère, il représente finalement l'un des genres littéraires les plus durables, malgré, ou peut-être grâce à, ses mutations à travers les siècles.

LE LYRISME, DE LA MUSIQUE À LA VOIX

La musique et le chant

L'étymologie du mot « lyrisme » en fait un genre indissociable de la musique et l'on a vu combien, de sa naissance jusqu'à la fin du Moyen Âge, il s'apparentait à une forme de chant. À partir du XIVe siècle, se constitue un lyrisme détaché de tout accompagnement musical : c'est à ce moment-là que naît vraiment le genre littéraire de la poésie lyrique. Pour autant, elle n'a pas abandonné ni renié son origine musicale, bien au contraire : par métaphore, les poèmes lyriques continuent – encore aujourd'hui – à se donner comme « chants ». Il suffit de lire quelques-uns de ces poèmes et de voir à quel point le mot y est récurrent : de Louise Labé à Léopold Sédar Senghor, de Ronsard à Mallarmé, de Verlaine à Corbière, tous ou presque font référence au « chant », à la « chan-

---

1. Voir « Tant de choses », p. 92, « bordel 85 », p. 113, et le sonnet 4 d'*Autobiographie*, p. 65.

son », ou encore à la « musique ». S'il ne s'agit là que d'images, celles-ci ont une importance capitale, parce qu'elles identifient à elles seules le caractère lyrique de ces œuvres. Ainsi, se réclamer du chant, c'est pour un poète s'inscrire directement dans la tradition lyrique, à la naissance de laquelle se trouvait la musique.

L'accompagnement musical a certes disparu, mais la musicalité a été prise en charge par l'écriture elle-même : c'est aussi parce qu'elle était chantée à l'origine que la poésie lyrique, plus que toute autre peut-être, porte une attention particulière aux mots. La musicalité originelle s'est ainsi inscrite dans le vers, dans les contraintes rythmiques et sonores qu'il impose au poète, et dans la parenté qui le lie à la musique. Comme elle, en effet, le vers superpose sons et rythmes, qui permettent au langage de se faire chanson. Dès lors, la subjectivité et la musicalité de la poésie lyrique sont indissociables : comme le note Louis de Jaucourt dans l'article « Poésie lyrique » de l'*Encyclopédie* (1765), « la poésie lyrique et la musique doivent avoir entre elles un rapport intime, fondé dans les choses mêmes, puisqu'elles ont l'une et l'autre les mêmes objets à exprimer ; et si cela est, la musique étant une expression des sentiments du cœur par les sons inarticulés, la poésie musicale ou lyrique sera l'expression des sentiments par les sons articulés, ou, ce qui est la même chose, par les mots. On peut donc définir la poésie lyrique, celle qui exprime le sentiment dans une forme de versification qui est chantante ».

La voix

La poésie lyrique est ainsi par excellence celle de la voix : très longtemps, elle fut destinée à une performance orale, dans laquelle elle était lue (ou chantée) à haute voix. Cela explique d'ailleurs la présence de nombreuses marques d'oralité dans les textes lyriques : les exclamations, les apostrophes et même la syntaxe familière et populaire que l'on remarque dans certains poèmes[1] font toutes signe vers cette oralité fondatrice du genre. C'est aussi par la lecture à haute voix que le lecteur s'approprie le poème, qu'il devient à son tour, après le poète, l'énonciateur[2] de ces vers, reconduisant ainsi cette performance originaire du genre, ou son souvenir.

Le motif de la voix est même plus présent que celui du chant dans la poésie lyrique moderne : cela est certes lié à la disparition de l'accompagnement musical, mais aussi à la remise en question du statut de l'énonciateur. Lorsque Mallarmé, dans *Crise de vers*[3], demande « la disparition élocutoire du poète », il affirme qu'il s'agit d'une condition nécessaire pour que « s'élance le chant ». Le lyrisme devient alors un chant sans chanteur, autrement dit une voix détachée de tout énonciateur, la voix du poème lui-même, bien plus que celle du sujet lyrique. Le poète contemporain Jacques Réda met à son tour en scène, dans son recueil intitulé *Récitatif*[4], la lente disparition du sujet de l'énonciation, qui affirme : « J'ai disparu. » Ne reste alors que la voix, une voix désincar-

1. Comme la « Complainte des Printemps » de Laforgue, p. 110.
2. Sur l'importante question de l'énonciation lyrique, voir p. 24.
3. Voir l'extrait p. 75.
4. Voir l'extrait, p. 93.

née, qui demande : « écoutez-moi / parler encore un peu le cœur répandu dans ce vide / qui gonfle comme un sac, se ferme comme un sac – au sac / les derniers débris de la voix, du cœur qu'on évacue ». La voix se confond alors avec le poème, voix du poète autant que voix du lecteur, ce « vous » qui est prié d'écouter et de s'approprier cette voix finalement sans corps ni identité. Voix, ou chant, la poésie lyrique est celle qui déborde l'écriture pour toucher à l'oralité, celle qui se veut vivante et ne peut rester figée sur le blanc de la page. Voix qui se plaint, voix qui s'émerveille ou qui appelle, la poésie lyrique est ainsi indissociable de la bouche qui la profère ou de l'oreille qui la recueille. Cela explique pourquoi les théories de l'énonciation occupent une place prépondérante dans les définitions de la poésie lyrique.

L'ÉNONCIATION LYRIQUE

Le sujet lyrique : qui dit je ?

La tradition critique identifie assez clairement le genre lyrique comme celui de la subjectivité : c'est l'idée que défend par exemple Hegel dans son *Esthétique*, évidemment informée par le lyrisme romantique et l'importance que ses poètes ont accordée au *moi*. Néanmoins, cette perspective semble trouver sa raison dans l'ensemble du corpus lyrique, tant la première personne du singulier y est omniprésente, des lyriques grecs aux poètes contemporains. S'il est donc entendu que, le plus souvent, le poème lyrique est celui qui dit *je*[1], l'identité à laquelle ce pronom réfère est loin d'être évidente et reste sujette à débats. L'important essai de Käte Hamburger, intitulé *Logique des genres littéraires*[2], illustre à quel point il s'agit là d'une question difficile : partant des critères de la fiction et de ce qu'elle appelle la « non-fiction » pour caractériser les trois grands genres littéraires (l'épique, le dramatique et le lyrique ; autrement dit le récit, le théâtre et la poésie), elle précise que le sujet de l'énonciation, dans les deux premiers, est fictif. Le narrateur du roman, tout comme le personnage d'une tragédie ou d'une comédie, sont des êtres fictifs ; dès lors, l'acte d'énonciation qui leur est lié est lui-même fictif, ce qu'on pourrait appeler une « énonciation feinte ». À l'inverse, le sujet de l'énonciation lyrique, selon Käte Hamburger, est réel, tout comme l'acte d'énonciation qu'il prend en charge. Or, si elle précise bien que cela ne suffit pas pour conclure que celui qui dit *je* dans la poésie lyrique est le poète lui-même, et que « l'expérience peut être fictive », elle ajoute que « le sujet de l'expérience, et, avec lui, le sujet d'énonciation, le "je" lyrique, ne peut être que réel ». Dès lors, la seule façon d'assurer la réalité du sujet de l'énonciation serait de l'identifier à une personne réelle ; et à qui d'autre, sinon à celui qui a écrit *je*, autrement dit au poète ?

Il faut reconnaître que certains poèmes lyriques légitiment cette identification du sujet de l'énonciation et

---

1. Cette perspective elle-même mériterait pourtant d'être discutée : lorsque Mallarmé demande dans *Crise de vers* la « disparition élocutoire du poète », autrement dit l'effacement du *je*, cesse-t-il d'être lyrique ? Sur ce point, voir « L'évanouissement du *je* : limite du lyrisme ? », p. 74.
2. Voir Pour en savoir plus, p. 129.

de l'auteur : l'histoire de ce qu'on appelle la « poésie personnelle » ne manque pas d'exemples pour qui voudrait prouver que c'est le poète qui parle dans ses vers. Certains ont poussé cette logique jusqu'à son terme, en envisageant la possibilité d'écrire leur autobiographie sous forme de poèmes : tel est le cas de William Cliff, poète lyrique contemporain, dont l'un des recueils porte le titre évocateur d'*Autobiographie*[1]. Cependant, d'autres poèmes démontrent que l'on ne peut identifier le sujet de l'énonciation et l'auteur : le recueil de Sainte-Beuve intitulé *Vie, poésies et pensées de Joseph Delorme*, ou celui de Valery Larbaud intitulé *Les Poésies de A.O. Barnabooth* montrent, dès leur titre, que le sujet de l'énonciation est un personnage fictif, « Joseph Delorme » dans un cas, « A.O. Barnabooth » dans l'autre. Il n'empêche : il s'agit bien là d'œuvres lyriques. Si l'on admet que le lyrisme est le genre d'une énonciation subjective, il faut aussi reconnaître que l'identité du *je* lyrique ne se confond pas avec celle de l'auteur : c'est pour cette raison que, tout comme l'on distingue dans un roman l'auteur et le narrateur, on différencie dans la poésie lyrique le poète et le « sujet lyrique », c'est-à-dire celui qui dit *je* dans le poème, qu'il soit réel ou fictif. On admettra donc, dans la sphère lyrique, les textes qui reposent sur une « énonciation feinte », alors que Käte Hamburger les exclut du lyrisme pour les intégrer au genre dramatique (ils seraient comparables à des monologues de théâtre). Ce sujet lyrique peut certes être l'auteur lui-même, mais aussi une figure impersonnelle du Poète, un personnage fictif ou

1. Voir p. 65, et, sur la question d'une poésie autobiographique, l'encadré p. 67.

même – pourquoi pas ? – un objet. Il faut alors se garder de dire que, dans la poésie lyrique, c'est le poète qui parle : rares sont les poèmes qui retranscrivent un état d'âme authentique. Le lyrisme n'est pas l'autobiographie[1].

Le destinataire lyrique : qui est tu *?*

Le poème lyrique n'est pas seulement celui dans lequel s'exprime un *je* : il est aussi celui dans lequel on s'adresse à un *tu*. Le destinataire lyrique a donc dans cette poésie une grande importance, proportionnelle à celle du sujet lyrique. Nombreux sont les poèmes qui s'adressent explicitement à un *tu* ou à un *vous*, même lorsque le référent de ces pronoms n'est pas identifiable : cette réalité est finalement explicable par la structure de l'énonciation lyrique. Puisque le lyrisme est le genre de la subjectivité, celui où le *je* domine, il est forcément aussi celui du *tu*, parce que l'un ne va pas sans l'autre. Émile Benvéniste l'a établi dans ses *Problèmes de linguistique générale*[2] : « je n'emploie "je" qu'en m'adressant à quelqu'un, qui sera dans mon allocution un "tu" ». Le genre lyrique est donc essentiellement dialogique, parce qu'il retranscrit l'échange d'un *je* et d'un *tu*, quelle que soit l'identité de ces deux personnes.

Il arrive parfois que cette deuxième personne ait un référent explicite et précis : c'est plus particulièrement le cas dans la lyrique amoureuse, lorsque le sujet de l'énonciation s'adresse à la femme aimée et qu'il donne son nom, voire lorsqu'il joue avec lui, comme le fait

1. Pour aller plus loin sur ce point et étudier les rapports entre lyrisme et autobiographie, voir l'encadré p. 67.
2. Émile Benvéniste, *Problèmes de linguistique générale*, Gallimard, coll. « Tel », 1966.

Apollinaire dans ses *Poèmes à Lou*[1]. Mais, le plus souvent, ce *tu* ou ce *vous* n'a pas de référent particulier. Il s'ouvre alors au lecteur, ou plutôt à tous les lecteurs, dans une universalité qui finit par désigner l'ensemble des hommes. C'est ainsi que le lecteur d'un poème lyrique peut parfois se sentir mis en jeu par celui-ci, comme dans « Tant de choses » de Guy Goffette[2] : c'est bien à chacun de nous que s'adresse le poème, dans l'intimité de l'expérience lyrique. Mieux encore, le lecteur est d'autant plus investi dans la relation lyrique qu'il est non seulement le *tu* du poème, mais aussi, finalement, son *je*. C'est ce qu'affirme Hugo dans la préface des *Contemplations*, lorsqu'il dit à son lecteur : « Ah ! insensé qui crois que je ne suis pas toi[3] ! » C'est aussi ce que dit Baudelaire lorsque, dans le poème liminaire des *Fleurs du mal*, il s'exclame : « Hypocrite lecteur, – mon semblable, – mon frère[4] ! » *Je* et *tu* se révèlent finalement comme une seule et même personne, que celle-ci soit le poète, son lecteur ou n'importe quel être humain : la particularité de la poésie lyrique, c'est en fait de dire sur un mode subjectif l'expérience humaine, de traduire dans la singularité d'une voix des émotions et des sentiments ouverts à l'autre, de dissimuler, sous l'apparente individualité d'un *je*, l'unanimité des existences humaines. C'est aussi pourquoi il faut lire un poème lyrique à haute voix : on s'approprie alors le *je* du poème, on dit soi-même *je*, on devient le sujet de l'énonciation. L'expérience lyrique est celle d'un partage – des pronoms, des voix, et des vies.

1. Voir « Adieu », p. 83.
2. Voir p. 92.
3. Voir p. 98.
4. Voir p. 99.

CHRONOLOGIE

Du VIIe siècle av. J.-C. à 1995

VIIe s. av. J.-C.	Archiloque, *Élégies* (fragments).
VIe s. av J.-C.	Sapho, *Odes, Hymnes* (fragments). Anacréon, *Odes* (fragments).
Ve s. av. J.-C.	Pindare, *Odes triomphales.*
Ier s. av. J.-C.	Catulle, *Carmina* (fragments).
30-20 av. J.-C.	Horace, *Odes.*
28 av. J.-C.	**Virgile, *Géorgiques***[1].
27-22 av. J.-C.	Properce, *Élégies.*
26-25 av. J.-C.	Tibulle, *Élégies.*
15-14 av. J.-C.	Ovide, *Les Amours.*
1261-1262	Rutebeuf, *La Complainte Rutebeuf.*
1362-1365	**Guillaume de Machaut, *Le Livre du Voir Dit.***
1394-1410	Christine de Pisan, *Cent Ballades d'amant et de dame.*
XVe s.	**Charles d'Orléans, *Ballades et rondeaux.*** **François Villon, *Poésies diverses* (publié en 1489).**
1532	Clément Marot, *Adolescence clémentine.*
1544	**Maurice Scève, *Délie.***
1552	**Pierre de Ronsard, *Odes.***
1555	Traduction du *Canzoniere* de l'Italien Pétrarque par Vasquin Philieul. **Louise Labé, *Sonnets.***
1558	**Joachim du Bellay, *Les Regrets.***
1578	**Pierre de Ronsard, *Les Amours : Sonnets pour Hélène.***
1621-1624	Théophile de Viau, *Œuvres poétiques.*
1630	François de Malherbe, *Œuvres* (publication posthume).

1. Sont cités en gras les textes figurant dans ce volume.

1785-1789	André Chénier, *Élégies.*
1820	**Alphonse de Lamartine, *Méditations poétiques.***
1834	**Alphonse de Lamartine, *Des destinées de la poésie.***
1835	**G.W.F. Hegel, *Esthétique.***
1835-1837	Alfred de Musset, *Les Nuits.*
1853	**Gérard de Nerval, *Odelettes.***
1856	**Victor Hugo, *Les Contemplations.***
1857	**Charles Baudelaire, *Les Fleurs du mal.*** Théodore de Banville, *Odes funambulesques.*
1862	Charles Baudelaire, *Petits Poèmes en prose.*
1866	Paul Verlaine, *Poèmes saturniens.*
1868-1870	Arthur Rimbaud, *Poésies.*
1869	Lautréamont, *Les Chants de Maldoror.* Paul Verlaine, *Fêtes galantes.*
1872	**Friedrich Nietzsche, *La Naissance de la tragédie.***
1873	**Arthur Rimbaud, *Une saison en enfer.*** **Tristan Corbière, *Les Amours jaunes.***
1874	Paul Verlaine, *Romances sans paroles.*
1881	Paul Verlaine, *Sagesse.*
1884	**Paul Verlaine, *Jadis et naguère.***
1885	**Jules Laforgue, *Les Complaintes.***
1886	Arthur Rimbaud, *Illuminations.*
1887	**Stéphane Mallarmé, *Poésies.***
1897	**Stéphane Mallarmé, *Crise de vers*** et *Un coup de dés...*
1910	**Paul Claudel, *Cinq Grandes Odes.***

1911	Saint-John Perse, *Éloges*.
1912	Victor Segalen, *Stèles*.
1913	Guillaume Apollinaire, *Alcools*. Blaise Cendrars, *La Prose du Transsibérien*.
1914-1915	**Guillaume Apollinaire, *Poèmes à Lou* (publication posthume en 1956)**.
1920	Paul Valéry, *Album de vers anciens*. **Guillaume Apollinaire, *Le Bestiaire ou Cortège d'Orphée***.
1926	Paul Eluard, *Capitale de la douleur*.
1942	**Louis Aragon, *Les Yeux d'Elsa***. Francis Ponge, *Le Parti pris des choses*.
1945	**Léopold Sédar Senghor, *Chants d'ombre***.
1947	Jean Follain, *Exister*.
1948	René Char, *Fureur et Mystère*.
1958	**Yves Bonnefoy, *Hier régnant désert***.
1959	André Du Bouchet, *Dans la chaleur vacante*.
1962	**Francis Ponge, *Pièces***.
1963	Henri Michaux, *Plume*. Eugène Guillevic, *Sphère*.
1967	Georges Perros, *Une vie ordinaire*.
1970	**Jacques Réda, *Récitatif***.
1977	Philippe Jaccottet, *À la lumière d'hiver*.
1978	Lorand Gaspar, *Approche de la parole*.
1989	**Jude Stéfan, *À la vieille Parque***.
1993	**William Cliff, *Autobiographie***.
1995	**Guy Goffette, *Le Pêcheur d'eau***.

Poésie et lyrisme

Jules Machard, *Orphée aux Enfers*, 1865.

Orphée est aux Enfers et, armé de sa lyre, il s'adresse au dieu Pluton et à son épouse Perséphone (en haut à droite). Autour de lui, tous les esprits infernaux se sont tus, touchés par la grâce de son chant. Le peintre donne donc à voir le pouvoir de la poésie lyrique à travers la figure d'Orphée, qui occupe le centre du tableau et dont la blancheur semble irradier les ombres des Enfers.

I. Le lyrisme : musique et poésie

L'une des caractéristiques majeures du lyrisme, ce qui constitue même son trait distinctif, est le lien qu'il dévoile entre musique et poésie. Comme l'indique l'étymologie du mot, le lyrisme a partie liée avec la lyre, et son histoire montre comment, de ses origines grecques jusqu'au Moyen Âge, la poésie lyrique unit de manière indissoluble langage et musique. Ce n'est donc pas sans raison qu'Orphée, le célèbre poète de la mythologie grecque, est devenu la figure tutélaire du poète lyrique : le pouvoir qu'il tire de ses mots et des sons de sa lyre est celui de tout lyrisme poétique. Nombreux sont les auteurs qui, à travers les âges, se sont identifiés à Orphée pour inscrire leur œuvre dans cette tradition poétique. Le lyrisme s'est pourtant peu à peu émancipé de la musique pour finalement distinguer le poème de la chanson ; la véritable naissance de la poésie lyrique correspond peut-être à ce moment du Moyen Âge où les poètes se sont affranchis de l'accompagnement musical pour ne plus compter que sur la musique des mots eux-mêmes. Le rêve d'une poésie musicale par essence continue de hanter la poésie jusqu'à ses textes les plus contemporains : en se donnant comme chants, les poèmes lyriques poursuivent, métaphoriquement, la définition du lyrisme comme le genre qui, plus que tout autre, cherche la musique dans la littérature.

1. Orphée, à la source lyrique

Natif de Thrace, fils du dieu-fleuve Œagre et de Calliope, muse de la poésie lyrique, Orphée est le chanteur par excellence, à la fois poète et musicien. Ses chants étaient si beaux qu'ils charmaient les bêtes sauvages et les hommes les plus inflexibles, les arbres et les plantes, et jusqu'aux divinités infernales : en effet, le plus célèbre des mythes relatifs à Orphée est celui de sa descente aux Enfers. Eurydice, sa femme, fut piquée par un serpent et en mourut ; inconsolable, Orphée alla la chercher aux Enfers, où les accents de sa lyre émurent les âmes des morts, les monstres et les dieux. Hadès, roi des Enfers, consentit à lui rendre Eurydice, à la condition qu'il remontât à la lumière du jour sans se retourner sur elle, qui le suivait. Mais, alors qu'ils étaient presque arrivés au monde des vivants, Orphée fut pris d'une vive inquiétude et se retourna : Eurydice disparut aussitôt et resta à jamais prisonnière du royaume des morts. Malgré l'échec de sa quête, Orphée incarne la figure du Poète lyrique, dont l'art possède un pouvoir sans limite, celui d'enchanter le monde.

Virgile,
***Géorgiques*, IV, v. 457-484**
(28 av. J.-C.)

Même si l'*Énéide*, son œuvre la plus célèbre, relève du genre épique, Virgile (v. 70-19 av. J.-C.) s'essaya aussi à la poésie lyrique, notamment avec les *Bucoliques*. Dans les *Géorgiques*, il chante, à la suite d'Hésiode (VIIIe-VIIe siècle av. J.-C.), les travaux des champs et de la campagne ; la quatrième *Géorgique* évoque les abeilles et raconte l'histoire d'Aristée, jeune berger dont les abeilles ont été tuées par les dieux. C'est Protée, un dieu marin possédant le don de divination, qui lui révèle qu'il a été châtié pour avoir provoqué la mort d'Eurydice, la femme d'Orphée : il lui raconte alors comment celui-ci est allé la chercher aux Enfers, et comment il a su charmer les habitants du royaume des morts. Ce célèbre passage, consacré aux pouvoirs de la poésie lyrique, est ici donné dans la traduction de Jacques Delille, abbé et érudit mondain du XVIIIe siècle, dont l'un des mérites est d'avoir conservé la forme versifiée pour transposer les *Géorgiques* en français.

Un jour tu [1] poursuivais sa fidèle Eurydice ;
Eurydice fuyait, hélas ! et ne vit pas
Un serpent que les fleurs recelaient [2] sous ses pas.
La mort ferma ses yeux : les Nymphes ses compagnes
De leurs cris douloureux remplirent les montagnes ;
Le Thrace belliqueux [3] lui-même en soupira ;
Le Rhodope [4] en gémit, et l'Èbre [5] en murmura.
Son époux s'enfonça dans un désert sauvage :
Là, seul, touchant sa lyre, et charmant son veuvage,
Tendre épouse ! c'est toi [6] qu'appelait son amour,
Toi qu'il pleurait la nuit, toi qu'il pleurait le jour.
C'est peu : malgré l'horreur de ses profondes voûtes,
Il franchit de l'enfer les formidables routes ;
Et, perçant ces forêts où règne un morne effroi,
Il aborda des morts l'impitoyable roi [7],
Et la Parque [8] inflexible, et les pâles Furies [9],
Que les pleurs des humains n'ont jamais attendries.

1. C'est Protée qui parle ; il s'adresse à Aristée.
2. *Recelaient* : cachaient.
3. Le singulier désigne ici le type du Thrace, réputé rude et sauvage.
4. Montagne de Thrace.
5. Fleuve de Thrace.
6. Protée s'adresse maintenant à Eurydice, la « tendre épouse » d'Orphée.
7. Il s'agit d'Hadès, le roi des Enfers dans la mythologie grecque.
8. Les Parques sont les trois divinités du Destin dans la mythologie romaine : elles sont représentées comme des fileuses, qui mesurent et coupent quand bon leur semble les fils des vies humaines.
9. Les Furies sont des démons des Enfers dans la mythologie romaine, comparables aux Érinyes grecques : violentes et redoutables, elles se chargent des châtiments infernaux.

Il chantait ; et ravis jusqu'au fond des enfers,
Au bruit harmonieux de ses tendres concerts,
Les légers habitants de ces obscurs royaumes,
Des spectres pâlissants, de livides fantômes,
Accouraient, plus pressés que ces oiseaux nombreux
Qu'un orage soudain ou qu'un soir ténébreux
Rassemble par milliers dans les bocages sombres ;
Des mères, des héros, aujourd'hui vaines ombres,
Des vierges que l'hymen[1] attendait aux autels,
Des fils mis au bûcher sous les yeux paternels,
Victimes que le Styx[2], dans ses prisons profondes,
Environne neuf fois des replis de ses ondes ;
Et qu'un marais fangeux, bordé de noirs roseaux,
Entoure tristement de ses dormantes eaux.
L'enfer même s'émut ; les fières Euménides[3]
Cessèrent d'irriter leurs couleuvres livides ;
Ixion[4] immobile écoutait ses accords ;
L'hydre affreuse oublia d'épouvanter les morts ;
Et Cerbère[5], abaissant ses têtes menaçantes,
Retint sa triple voix dans ses gueules béantes.

1. *Hymen* : mariage.
2. Le Styx est l'un des fleuves des Enfers dans la mythologie grecque, qui enferme les morts entre ses neuf méandres.
3. Les Euménides, ou « bienveillantes », sont en fait les Érinyes ; on les appelait ainsi pour les flatter et éviter d'attirer sur soi leur colère.
4. Ixion était un roi thessalien doublement sacrilège ; pour le punir, Zeus l'attacha à une roue enflammée, tournant sans cesse dans les Enfers : seul Orphée, par la beauté de son chant, parvint à l'arrêter.
5. Cerbère est le chien à trois têtes qui garde les Enfers.

Pierre de Ronsard, *Les Amours*, « Sonnets pour Hélène », livre II, 16 (1578)

Les Amours de Ronsard (1524-1585) comptent parmi les recueils lyriques les plus célèbres. Chantant tour à tour Cassandre, Marie et Hélène, il consacre à ces femmes des sonnets* amoureux, dont ce « Laisse de Pharaon la terre Égyptienne… ». Ronsard exploite ici un intertexte biblique et mythologique pour conseiller à « Hélène » de se détourner d'une cour hypocrite où règnent les apparences. Le vers de chute identifie Hélène à Eurydice et le Poète à Orphée : cette seule mention suffit à inscrire le sonnet dans la sphère de la poésie lyrique.

Laisse de Pharaon la terre Égyptienne,
Terre de servitude, et viens sur le Jourdain[1] ;
Laisse-moi cette Cour et tout ce fard mondain,
Ta Circe[2], ta Sirène[3], et ta magicienne.
Demeure en ta maison pour vivre toute tienne,
Contente-toi de peu : l'âge s'enfuit soudain.
Pour trouver ton repos, n'attends point à demain,
N'attends point que l'hiver sur les cheveux te vienne.
Tu ne vois à ta Cour que feintes et soupçons,
Tu vois tourner une heure en cent mille façons,
Tu vois la vertu fausse, et vraie la malice.
Laisse ces honneurs pleins d'un soin ambitieux :
Tu ne verras aux champs que Nymphes et que Dieux,
Je serai ton Orphée, et toi mon Eurydice.

1. Ronsard compare la retraite loin de la Cour au départ des Hébreux, qui quittèrent l'Égypte de Pharaon pour gagner le Jourdain, la Terre promise. Il s'identifie ainsi au prophète Moïse.
2. Circe, ou Circé, est une magicienne qui, dans l'*Odyssée* d'Homère, transforme les compagnons d'Ulysse en divers animaux.
3. Les Sirènes sont, dans l'*Odyssée*, des démons mi-femmes mi-oiseaux.

Guillaume Apollinaire, *Le Bestiaire ou Cortège d'Orphée* (1920)

Au XXe siècle encore, la figure d'Orphée continue à identifier la poésie et le poète lyriques ; ainsi, Guillaume Apollinaire (1880-1918) la réinvestit et évoque le pouvoir du « Thrace magique » dans les trente poèmes brefs du *Bestiaire*, qu'il sous-titre *Cortège d'Orphée*. Le recueil s'ouvre sur deux quatrains qui chantent le poète puis la tortue dont la carapace a servi, selon la légende, à fabriquer la lyre d'Orphée. Si Apollinaire recherche dans ces vers une forme d'obscurité, c'est parce qu'il s'attache à suggérer la magie de l'art orphique, qu'il place sous le patronage d'« Hermès Trismégiste[1] ». Sous la plume de l'auteur d'*Alcools*, la faculté d'enchanter le monde que détient la poésie lyrique devient un pouvoir magique que les dieux ont offert à quelques hommes. Ces deux brefs poèmes sont accompagnés, dès l'édition originale, de gravures de Raoul Dufy (1877-1953) représentant le même objet que les quatrains ; Apollinaire semble alors renouer avec une tradition éditoriale de la Renaissance, dans laquelle la pratique des « emblèmes » remportait un grand succès.

1. *Hermès Trismégiste* : étymologiquement, « Hermès trois fois très grand ». C'est le surnom donné par les Grecs au dieu égyptien Thot, patron des magiciens, qu'ils assimilèrent à Hermès.

Orphée

Admirez le pouvoir insigne
Et la noblesse de la ligne [1] :
Elle est la voix que la lumière fit entendre
Et dont parle Hermès Trismégiste en son Pimandre [2].

---

1. Il loue la ligne qui a formé les images, magnifiques ornements de ce divertissement poétique [note d'Apollinaire].

2. « Bientôt, lit-on dans le "Pimandre", descendirent des ténèbres… et il en sortit un cri inarticulé qui semblait la voix de la lumière. » Cette « voix de la lumière », n'est-ce pas le dessin, c'est-à-dire la ligne ? Et quand la lumière s'exprime pleinement tout se colore. La peinture est proprement un langage lumineux [note d'Apollinaire].

La Tortue

Du Thrace magique[1], ô délire !
Mes doigts sûrs font sonner la lyre.
Les animaux passent aux sons
De ma tortue, de mes chansons.

Le Bestiaire ou Cortège d'Orphée,

1. Orphée était natif de la Thrace. Ce sublime poète jouait d'une lyre que Mercure lui avait donnée. Elle était composée d'une carapace de tortue, de cuir collé à l'entour, de deux branches, d'un chevalet et de cordes faites avec des boyaux de brebis. Mercure donna également de ces lyres à Apollon et à Amphion. Quand Orphée jouait en chantant, les animaux sauvages eux-mêmes venaient écouter son cantique. Orphée inventa toutes les sciences, tous les arts. Fondé dans la magie, il connut l'avenir et prédit chrétiennement l'avènement du SAUVEUR [note d'Apollinaire].

2. De la chanson au poème : la naissance du lyrisme

La véritable naissance du lyrisme littéraire correspond au moment où les poètes ont abandonné l'accompagnement musical pour ne plus faire entendre que le chant de leurs mots. Le lyrisme médiéval est à ce titre de première importance : alors que les trouvères poursuivaient l'héritage antique en accompagnant leurs chants de divers instruments, ce que prouvent les manuscrits du XIIIe siècle, le XIVe siècle a vu la poésie s'affranchir progressivement de la musique qui jusque-là lui était associée. Guillaume de Machaut, dans son *Livre du Voir Dit*, opère sur ce point une distinction essentielle, de laquelle on peut dater l'apparition d'un lyrisme purement poétique. La musique a néanmoins continué à occuper une place centrale dans la poésie lyrique médiévale : même si les instruments n'accompagnaient plus cette dernière, elle ne cessa de s'inspirer des formes musicales et des chansons, comme en témoignent par exemple les *Ballades et rondeaux* de Charles d'Orléans.

Guillaume de Machaut, *Le Livre du Voir Dit*, v. 508-529 (1362-1365)

Dans *Le Livre du Voir Dit*, Guillaume de Machaut (v. 1300-v. 1377) mêle un récit prétendument autobiographique, des réflexions générales sur le monde et l'écriture, et des pièces proprement lyriques qui viennent illustrer ces différents développements. Le *Voir*[1] *Dit*, le dit* sincère et authentique, rapporte la rencontre du poète et d'une jeune admiratrice, qui sert de prétexte à l'écriture d'un véritable *art poétique**. Dans le début de ce très long poème (reproduit en ancien français, p. 44, et traduit en regard, p. 45), Machaut expose ses intentions et justifie l'originalité de son œuvre ; surtout, il distingue explicitement les « choses notees[2] » et les « balades

1. *Voir* est l'ancienne forme de l'adjectif *vrai*.
2. Les « pièces notées » sont les poèmes chantés sur un accompagnement musical, par opposition aux « ballades non chantées ».

non chantees » que l'on trouve dans le texte, autrement dit les poèmes chantés et ceux qui n'ont aucun accompagnement musical. Ce n'est pas la moindre originalité de Guillaume de Machaut que d'être l'un des premiers à envisager une poésie en dehors de la sphère musicale : c'est l'acte de naissance du lyrisme proprement poétique.

Et s'aucunes choses sont dittes
Deulz fois en ce livre ou escriptes,
Mi seigneur, n'en haiez merveille,
Quar celle pour qui amour veille
Veult que je mete en ce voir dit
Tout ce que j'ai pour li fait et dit,
Et tout ce qu'elle a pour moy fait,
Sans rien celer qui face au fait ;
Et vuelt que toutes les rassemble
Pour les y mettre tout ensemble.
Le Voir Dit veuil je qu'on appelle
Ce traitié que je fais pour elle,
Pour ce que ja n'i mentirai.
(Des autres choses vous diray
Se diligemment les querés,
Sans faillir vous les trouverés
Aveuques les choses notees
Et es balades non chantees ;
Dont j'ay mainte pensée eü
Que chascuns n'a mie sceü,
Car cilz qui vuet tel chose faire
Penser li faut ou contrefaire.)

Et si certaines choses sont dites
Ou écrites deux fois en ce livre,
Mes seigneurs, ne vous en étonnez pas,
Car celle sur qui veille l'Amour
Veut que je mette en ce Dit de Vérité
Tout ce que j'ai fait et dit pour elle,
Et tout ce qu'elle a fait pour moi,
Sans rien cacher qui s'y rapporte.
Et elle veut que je rassemble ces choses
Pour les réunir toutes ensemble.
Je veux qu'on appelle Le Voir Dit
Ce livre que je fais pour elle,
Parce que je n'y mentirai jamais.
À propos des autres morceaux je vous dirai
Que, si vous les cherchez avec attention,
Vous les trouverez sans aucun doute
Parmi les pièces notées
Et les ballades non chantées;
Je les ai longuement méditées,
Ce que tout le monde n'est pas capable de faire,
Car celui qui veut composer de tels poèmes
Doit soit les méditer, soit les contrefaire.

Trad. Bertrand Darbeau.

Charles d'Orléans, *Ballades et rondeaux* (XVe siècle)

L'œuvre de Charles d'Orléans (1394-1465) est essentiellement composée de ballades* et de rondeaux*, formes inspirées de la chanson dont elles conservent la musicalité. Par exemple, le rondeau est structuré autour d'un refrain, dont le retour systématique donne son rythme au poème. Ainsi, dans une de ses pièces les plus célèbres, Charles d'Orléans renouvelle le cliché poétique de l'évocation du printemps par la reprise systématique de l'image centrale du rondeau, « le temps a laissié son manteau » ; l'importance de ce refrain est telle qu'il constitue le point de départ d'une métaphore filée, celle du manteau, qui va traverser tout ce bref poème.

Le temps a laissié son manteau
De vent, de froidure et de pluye,
Et s'est vestu de brouderie[1],
De soleil rayant[2], cler et beau.

Il n'y a beste, ne oyseau,
Qu'en son jargon ne chante ou crie :
Le temps a laissié son manteau !

Rivière, fontaine et ruisseau
Portent, en livree[3] jolie,
Gouttes d'argent d'orfaverie,
Chascun s'abille de nouveau :
Le temps a laissié son manteau.

1. *Brouderie* : broderie.
2. *Rayant* : radieux, rayonnant.
3. *Livree* : habits, vêtements.

Poésie et chanson : les formes fixes du lyrisme médiéval

Les poètes des XIVe et XVe siècles, au premier rang desquels Guillaume de Machaut, empruntent aux époques précédentes des formes jusque-là réservées à la musique et à la danse, tel le rondeau, pour en faire des modèles de la poésie lyrique. L'abandon de l'accompagnement musical se double donc, paradoxalement, de l'émergence de formes directement inspirées de la musique et de la danse. La poésie lyrique réussit ainsi à proclamer son indépendance et son caractère strictement littéraire, tout en réaffirmant sa particularité et son origine musicale. Parmi ces nombreuses formes fixes dérivées de la chanson, on peut citer la ballade, le chant royal, le rondeau et le virelai.

La **ballade** est certainement la forme fixe la plus célèbre du lyrisme médiéval. Elle consiste en trois strophes le plus souvent isométriques*, suivies d'un envoi*. Toutes les strophes sont construites sur le même schéma de rimes, et l'envoi reprend en général celui de la deuxième moitié d'une strophe. Enfin, chaque strophe s'achève par un refrain. On distingue la petite ballade (trois huitains* d'octosyllabes* suivis d'un quatrain*) et la grande ballade (trois dizains* de décasyllabes* suivis d'un quintil*), comme la célèbre « Épitaphe de Villon en forme de ballade[1] ».

Le **chant royal** a vu ses règles fixées en même temps que celles de la ballade. C'est une forme inspirée de la grande ballade, mais comprenant cinq strophes et un envoi (et non trois strophes et un envoi). Le mètre du chant royal est toujours le décasyllabe.

1. Voir p. 95.

Le **rondeau** doit son nom à la ronde que l'on dansait lorsqu'on le chantait à l'origine ; néanmoins, au XIVe siècle, il n'est plus chanté. Sa forme varie beaucoup d'un poème à l'autre, mais, le plus souvent, il s'agit du rondeau double, qui comprend trois strophes d'octosyllabes ou de décasyllabes, la première étant un quintil, la deuxième un tercet*, la dernière à nouveau un quintil. Ces strophes sont construites sur deux rimes seulement, et les deux dernières s'achèvent par un refrain qui reprend le premier hémistiche* du tout premier vers du poème, ou ce vers en entier. Le rondeau simple, comme « Le temps a laissié son manteau… » de Charles d'Orléans[1], comprend un quatrain, un distique* et à nouveau un quatrain. Dans tous les cas, le refrain qui s'ajoute aux deux dernières strophes n'est pas compté.

Le **virelai** était lui aussi le nom d'une danse avant de devenir, au XIVe siècle, celui d'une forme poétique. Il a connu de nombreuses formules différentes, par exemple celle d'un poème en vers brefs, construit sur deux rimes et composé de trois strophes de structure semblable précédées et suivies d'un refrain qui équivaut à une demi-strophe.

---

1. Voir p. 46.

3. Le lyrisme comme chant, ou le rêve d'une poésie musicale

Le lyrisme n'a jamais oublié son origine musicale ; il semble même en être nostalgique, tant il rêve d'acquérir une musicalité qui lui soit propre. Il suffit de remarquer à quel point le mot « chant » revient, d'un poème à l'autre, pour se rendre compte que le lyrisme semble continuer à se penser lui-même en terme de musique : c'est qu'il a trouvé en elle, qu'elle soit réelle (lorsque la poésie était accompagnée par des instruments) ou métaphorique (lorsque la poésie recherche la musicalité du langage), l'originalité qui fonde sa spécificité de genre littéraire. Ainsi, le chant et la musique restent à l'horizon du lyrisme et paraissent même le plus sûr moyen d'identifier un poème comme lyrique, au-delà de la subjectivité qui s'y énonce ou des sentiments qui y sont donnés à lire.

Paul Verlaine, *Jadis et naguère*, « Jadis » (1884)

L'un des poèmes les plus célèbres de Verlaine (1844-1896), dont le titre, « Art poétique », indique explicitement qu'il a pour ambition de définir la poésie et de déterminer les règles de sa composition, fait de la musique et du chant les principes fondateurs du lyrisme ; pour atteindre cette musicalité de la langue, Verlaine conseille à son destinataire de favoriser les vers impairs [1], de s'affranchir d'une pratique trop technique de la rime, et de concevoir la poésie comme un art de la suggestion. C'est à ce prix seulement qu'il pourra atteindre la légèreté essentielle du lyrisme, cette « chose envolée », car « tout le reste est littérature ».

1. Cet « Art poétique » est lui-même composé d'ennéasyllabes *.

Art poétique

à Charles Morice [1]

De la musique avant toute chose,
Et pour cela préfère l'Impair
Plus vague et plus soluble dans l'air,
Sans rien en lui qui pèse ou qui pose.

Il faut aussi que tu n'ailles point
Choisir tes mots sans quelque méprise :
Rien de plus cher que la chanson grise
Où l'Indécis au Précis se joint.

C'est des beaux yeux derrière des voiles,
C'est le grand jour tremblant de midi,
C'est, par un ciel d'automne attiédi,
Le bleu fouillis des claires étoiles !

Car nous voulons la Nuance encor,
Pas la Couleur, rien que la Nuance !
Oh ! la Nuance seule fiance
Le rêve au rêve et la flûte au cor !

Fuis du plus loin la Pointe assassine,
L'Esprit cruel et le Rire impur,
Qui font pleurer les yeux de l'Azur,
Et tout cet ail de basse cuisine !

Prends l'éloquence et tords-lui son cou !
Tu feras bien, en train d'énergie,
De rendre un peu la Rime assagie :
Si l'on n'y veille, elle ira jusqu'où ?

Ô qui dira les torts de la Rime ?
Quel enfant sourd ou quel nègre fou
Nous a forgé ce bijou d'un sou
Qui sonne creux et faux sous la lime ?

---

1. *Charles Morice* : poète et critique symboliste (1861-1919).

De la musique encore et toujours !
Que ton vers soit la chose envolée
Qu'on sent qui fuit d'une âme en allée
Vers d'autres cieux à d'autres amours.

Que ton vers soit la bonne aventure
Éparse au vent crispé du matin
Qui va fleurant la menthe et le thym…
Et tout le reste est littérature.

Yves Bonnefoy,
Hier régnant désert,
« Le Chant de sauvegarde » (1958)

Yves Bonnefoy (né en 1923) est l'un des auteurs les plus importants de la poésie contemporaine ; son œuvre, empreinte d'une certaine gravité et fondée sur le rôle central de l'image poétique, est traversée d'accents lyriques, comme dans le poème qu'il adresse « à la voix de Kathleen Ferrier », célèbre cantatrice anglaise morte en 1952. C'est le pouvoir du chant, lyrique ou poétique, que célèbre ici Bonnefoy : capable de réconcilier les contraires et d'atteindre « le seul absolu », il parvient, comme Orphée, à connaître « les deux rives », celle des vivants et celle des morts.

À la voix de Kathleen Ferrier

Toute douceur toute ironie se rassemblaient
Pour un adieu[1] de cristal et de brume,
Les coups profonds du fer faisaient presque silence,
La lumière du glaive s'était voilée.

1. Bonnefoy fait ici référence au dernier mouvement du *Chant de la Terre* de Gustav Mahler (1860-1911), intitulé « Adieu ». Kathleen Ferrier a donné une célèbre interprétation de cette œuvre.

Je célèbre la voix mêlée de couleur grise
Qui hésite aux lointains du chant qui s'est perdu
Comme si au-delà de toute forme pure
Tremblât un autre chant et le seul absolu.

Ô lumière et néant de la lumière, ô larmes
Souriantes plus haut que l'angoisse ou l'espoir,
Ô cygne, lieu réel dans l'irréelle eau sombre,
Ô source, quand ce fut profondément le soir !

Il semble que tu[1] connaisses les deux rives,
L'extrême joie et l'extrême douleur.
Là-bas, parmi ces roseaux gris dans la lumière,
Il semble que tu puises de l'éternel.

« À la voix de Kathleen Ferrier »,
Hier régnant désert,

Léopold Sédar Senghor,
***Chants d'ombre* (1945)**

Homme de lettres et homme politique, Léopold Sédar Senghor (1906-2001) fit beaucoup pour l'émancipation de l'Afrique noire. Son œuvre poétique se nourrit des paysages, des coutumes et des chants du Sénégal, son pays d'origine. « Nuit de Sine » exploite ainsi la musicalité du verset* pour évoquer le rythme du tam-tam et l'apaisement que provoque la tombée de la nuit. Inspiré par la poésie orale et les chants traditionnels, ce poème parvient à retranscrire, par la seule musique des mots, le « silence rythmé » et le « pouls profond de l'Afrique ».

1. Comme le titre du poème l'indique, il s'adresse « à la voix de Kathleen Ferrier ».

Nuit de Sine [1]

Femme, pose sur mon front tes mains balsamiques [2], tes mains douces plus que fourrure.
Là-haut les palmes [3] balancées qui bruissent dans la haute brise nocturne
À peine. Pas même la chanson de nourrice.
Qu'il nous berce le silence rythmé.
Écoutons son chant, écoutons battre notre sang sombre, écoutons
Battre le pouls profond de l'Afrique dans la brume des villages perdus.

Voici que décline la lune lasse vers son lit de mer étale
Voici que s'assoupissent les éclats de rire, que les conteurs eux-mêmes
Dodelinent de la tête comme l'enfant sur le dos de sa mère
Voici que les pieds des danseurs s'alourdissent, que s'alourdit la langue des chœurs alternés.

C'est l'heure des étoiles et de la Nuit qui songe
S'accoude à cette colline de nuages, drapée dans son long pagne de lait.
Les toits des cases luisent tendrement. Que disent-ils, si confidentiels, aux étoiles ?
Dedans, le foyer s'éteint dans l'intimité d'odeurs âcres et douces.

Femme, allume la lampe au beurre clair, que causent autour les Ancêtres comme les parents, les enfants au lit.
Écoutons la voix des Anciens d'Elissa [4] comme nous exilés.

---

1. Le Sine est un fleuve du Sénégal, affluent du Saloum. Il a donné son nom à un royaume.
2. *Balsamiques* : qui calment, qui apaisent.
3. *Palmes* : rameaux du palmier.
4. *Elissa* : village de Haute-Guinée, que les ancêtres de Senghor ont dû quitter après une bataille.

Ils n'ont pas voulu mourir, que se perdît par les sables leur torrent séminal.
Que j'écoute, dans la case enfumée que visite un reflet d'âmes propices
Ma tête sur ton sein chaud comme un dang[1] au sortir du feu et fumant
Que je respire l'odeur de nos Morts, que je recueille et redise leur voix vivante, que j'apprenne à
Vivre avant de descendre, au-delà du plongeur, dans les hautes profondeurs du sommeil.

Chants d'ombre [1945], *Œuvre poétique*,

1. *Dang* : graines de couscous cuites à la vapeur sous forme de boulettes.

II. Le sujet lyrique : *je* autobiographique ou *je* fictif ?

La définition la plus courante et la plus traditionnelle du lyrisme fait de lui le mode d'expression privilégié du *moi*. S'il peut sembler évident, à la lecture des grands poèmes de la tradition lyrique, que le *je* y apparaît de façon récurrente, cette caractérisation de la poésie lyrique comme expression de la subjectivité ne va pourtant pas de soi, comme le montre le débat qui, au XIXe siècle, a opposé les philosophes allemands Hegel et Nietzsche [1]. Surtout, l'identification du référent de ce pronom reste extrêmement problématique : qui est ce *moi* ? Qui dit *je* dans le poème lyrique ? L'une des attitudes les plus répandues consiste à considérer qu'il s'agit du poète lui-même, et donc à regarder l'ensemble du lyrisme au prisme de la poésie personnelle. Or, même si cette identification du sujet de l'énonciation lyrique et de l'auteur peut en certains cas se justifier, elle résulte souvent d'une lecture hâtive qui refuse au poème lyrique la possibilité de la fiction et de l'invention : nombre de textes, en effet, mettent en scène un *moi* fictif, imaginaire, que l'on ne peut considérer comme une représentation directe du poète. Il faut donc faire preuve d'une certaine prudence dans l'étude de l'énonciation lyrique : son sujet peut certes être le *moi* réel du poète, mais aussi un *moi* fantasmé, voire un personnage fictif, ou même la figure du Poète, instance différente de celle du poète-auteur. Cette nécessaire prudence a engendré la création d'un nouveau concept critique, celui du *sujet lyrique* : comme les spécialistes du récit distinguent le narrateur et l'auteur, ceux de la poésie, le sujet lyrique et le poète.

1. Voir p. 60 et p. 78.

Eugène Lami, *La Nuit d'octobre*, 1859.

Illustrant le célèbre poème de Musset, auquel elle emprunte son titre, cette représentation de l'inspiration poétique est typiquement romantique. La Muse, debout derrière le poète, s'apprête à le couronner, pendant qu'il s'abîme dans la douleur. On ne saurait mieux montrer que le poète romantique tire son inspiration de ses propres souffrances comme de ses propres joies.

1. Le *moi* romantique, ou le tournant du lyrisme

Le romantisme consacre le triomphe du lyrisme, mais un lyrisme dont la définition a sensiblement évolué : c'est le moment où, comme l'écrit Yves Vadé [1], « la voix lyrique devient [...] la voix de l'intime ». Si le poète lyrique avait déjà, avant le XIXe siècle, trouvé son inspiration dans sa vie et ses expériences, ce sont les poètes romantiques qui ont poussé cette logique à son point le plus abouti pour faire du *moi* l'objet même de leurs poèmes. Avec eux, la poésie lyrique devient donc le mode d'expression de la subjectivité, le genre dans lequel s'expose l'intimité de l'auteur. Mme de Staël écrit dans le chapitre X de son *De l'Allemagne* (1810) : « le don de révéler par la parole ce qu'on ressent au fond du cœur est très rare ; il y a pourtant de la poésie dans tous les êtres capables d'affections vives et profondes ; l'expression manque à ceux qui ne sont pas exercés à la trouver. Le poète ne fait pour ainsi dire que dégager le sentiment prisonnier au fond de l'âme ».

Alphonse de Lamartine, *Des destinées de la poésie* (1834)

Lamartine (1790-1869) est l'un des principaux artisans de cette redéfinition du lyrisme : il conçoit la poésie comme le reflet de l'âme du poète. Dans la préface des *Méditations poétiques* (1849), il écrit cette formule restée célèbre : « je suis le premier qui ait fait descendre la poésie du Parnasse, et qui ait donné à ce que l'on nommait la Muse, au lieu d'une lyre à sept cordes de convention, les fibres mêmes du cœur de l'homme, touchées et émues par les innombrables frissons de l'âme et de la nature ». Lamartine développe cette idée dans *Des destinées de la poésie*, texte daté de 1834 ; il y annonce l'avènement d'une poésie purement subjective,

1. Voir Pour en savoir plus, p. 129.

autrement dit « intime surtout, personnelle » : la nouvelle fonction du lyrisme, plus encore que d'enchanter le monde, est de montrer « l'homme lui-même et non plus son image », pour que le lecteur puisse chercher « l'âme du poète sous sa poésie ».

La poésie sera de la raison chantée, voilà sa destinée pour longtemps ; elle sera philosophique, religieuse, politique, sociale, comme les époques que le genre humain va traverser ; elle sera intime surtout, personnelle, méditative et grave ; non plus un jeu de l'esprit, un caprice mélodieux de la pensée légère et superficielle, mais l'écho profond, réel, sincère, des plus hautes conceptions de l'intelligence, des plus mystérieuses impressions de l'âme. Ce sera l'homme lui-même et non plus son image. Les signes avant-coureurs de cette transformation de la poésie sont visibles depuis plus d'un siècle ; ils se multiplient de nos jours. La poésie s'est dépouillée de plus en plus de sa forme artificielle, elle n'a presque plus de forme qu'elle-même. À mesure que tout s'est spiritualisé dans le monde, elle aussi se spiritualise. Elle ne veut plus de mannequin, elle n'invente plus de machine ; car la première chose que fait maintenant l'esprit du lecteur, c'est de dépouiller le mannequin, c'est de démonter la machine et de chercher la poésie seule dans l'œuvre poétique, et de chercher aussi l'âme du poète sous sa poésie. Mais sera-t-elle morte pour être plus vraie, plus sincère, plus réelle qu'elle ne le fut jamais ? Non sans doute ; elle aura plus de vie, plus d'intensité, plus d'action qu'elle n'en eut encore ! et j'en appelle à ce siècle naissant qui déborde de tout ce qui est la poésie même, amour, religion, liberté, et je me demande s'il y eut jamais dans les époques littéraires un moment aussi remarquable en talents éclos et en promesses qui écloront à leur tour.

Méditations poétiques, 23 (1820)

Les différents poèmes des *Méditations poétiques* illustrent la définition de la poésie lyrique que Lamartine donne dans les préfaces de ce recueil ; ainsi, l'évocation de « L'Automne », véritable lieu commun de la tradition poétique, devient pour le poète l'occasion de chanter ses sentiments et ses états d'âme, dans l'omniprésence d'un *je* souverain. Le poème se fait même autobiographique lorsque Lamartine évoque « une âme [qu'il] ignore », dans laquelle on peut choisir de voir la jeune anglaise Mlle Birch, qu'il épousa quelque temps après.

L'Automne

Salut, bois couronnés d'un reste de verdure !
Feuillages jaunissants sur les gazons épars !
Salut, derniers beaux jours ! le deuil de la nature
Convient à la douleur et plaît à mes regards.

Je suis d'un pas rêveur le sentier solitaire ;
J'aime à revoir encor, pour la dernière fois,
Ce soleil pâlissant, dont la faible lumière
Perce à peine à mes pieds l'obscurité des bois.

Oui, dans ces jours d'automne où la nature expire,
À ses regards voilés je trouve plus d'attraits ;
C'est l'adieu d'un ami, c'est le dernier sourire
Des lèvres que la mort va fermer pour jamais.

Ainsi, prêt à quitter l'horizon de la vie,
Pleurant de mes longs jours l'espoir évanoui,
Je me retourne encore, et d'un regard d'envie
Je contemple ses biens dont je n'ai pas joui.

Terre, soleil, vallons, belle et douce nature,
Je vous dois une larme aux bords de mon tombeau !
L'air est si parfumé ! la lumière est si pure !
Aux regards d'un mourant le soleil est si beau !

Je voudrais maintenant vider jusqu'à la lie[1]
Ce calice[2] mêlé de nectar et de fiel[3] :
Au fond de cette coupe où je buvais la vie,
Peut-être restait-il une goutte de miel !

Peut-être l'avenir me gardait-il encore
Un retour de bonheur dont l'espoir est perdu !
Peut-être, dans la foule, une âme que j'ignore[4]
Aurait compris mon âme, et m'aurait répondu !...

La fleur tombe en livrant ses parfums au zéphyre[5] ;
À la vie, au soleil, ce sont là ses adieux :
Moi, je meurs ; et mon âme, au moment qu'elle expire,
S'exhale comme un son triste et mélodieux.

60 **G.W.F. Hegel,** ***Esthétique* (1835)**

La personnalisation du lyrisme menée par les poètes romantiques trouve sa légitimation théorique dans l'œuvre du philosophe allemand Hegel (1770-1831). Dans l'*Esthétique*, celui-ci aborde les trois grands genres que la tradition littéraire a distingués (poésie épique, poésie lyrique et poésie dramatique), et définit plus particulièrement la poésie lyrique comme « la forme subjective de la poésie » ; il affirme qu'elle satisfait au besoin que nous avons « d'exprimer ce que nous sentons, et de nous contempler nous-mêmes dans la manifestation de nos sentiments ». Néanmoins, pour que cette expression des sentiments devienne

1. *Jusqu'à la lie* : jusqu'au bout.
2. *Calice* : coupe ; en botanique, le calice est l'enveloppe extérieure de la fleur qui, en s'ouvrant avec les pétales, prend la forme d'une coupe ou d'un vase.
3. *Fiel* : bile.
4. Allusion probable à une future épouse.
5. *Zéphyre* : vent doux et léger (généralement orthographié *zéphyr*).

œuvre d'art, il lui faut atteindre une forme de généralité et s'incarner dans une « culture intellectuelle et artistique » : ainsi, les sentiments du poète deviendront aussi ceux de son lecteur.

La forme *subjective* de la poésie a d'autant plus le droit de se développer dans un cercle à part, indépendant de l'épopée[1]. Dès lors, en effet, l'esprit, se détachant des objets, se replie sur lui-même, regarde en sa propre conscience et donne satisfaction au besoin qui le sollicite de se représenter, non la chose dans sa réalité extérieure, mais ce qu'elle est dans l'impression *subjective*, dans l'expérience sentimentale, dans la réflexion ; en un mot, le fond de sa pensée et les mouvements de sa vie intime. D'un autre côté, pour que cette révélation de l'âme ne se confonde pas avec l'expression accidentelle des sentiments ordinaires, et qu'elle affecte la forme de la pensée poétique, il est nécessaire que les idées et les impressions que le poète décrit, tout en lui étant personnelles, conservent une valeur générale, qu'ils soient les sentiments et les observations vrais de la nature humaine pour lesquels la poésie crée, d'une manière vivante, une expression également vraie. [...]

Comme toute vraie poésie, la poésie lyrique doit exprimer les véritables sentiments du cœur humain. Mais, quelque solides et substantiels que soient les sujets qu'elle traite, pour devenir lyriques, ils doivent être sentis, conçus, imaginés, ou pensés d'une manière subjective ou personnelle. En second lieu, il ne s'agit pas seulement, ici, d'exprimer simplement l'intériorité individuelle en lui adaptant le premier mot qui s'offre spontanément et qui dit épiquement ce qu'est la chose, mais de créer une expression *artistique* du sentiment *poétique*, différente de

1. Hegel a d'abord traité de la poésie épique, avant d'aborder la poésie lyrique.

l'expression ordinaire. Par conséquent, en raison même de ce qu'au lieu de rester concentrée en elle-même, l'âme du poète s'ouvre à des impressions plus variées et à des pensées plus vastes, en raison de ce qu'il a conscience de son sentiment poétique au milieu d'un monde déjà marqué d'une empreinte prosaïque, la poésie lyrique exige, maintenant aussi, une culture intellectuelle et artistique.

Trad. Ch. Bénard
(1840-1851).

2. Poésie personnelle et autobiographie

Si le romantisme marque un vrai tournant dans l'histoire du lyrisme, c'est aussi parce qu'il change la perspective du lecteur sur les textes qui la constituent : d'une part, la définition du lyrisme comme expression du *moi* révèle une dimension constitutive de la poésie lyrique, que l'on pourrait appeler la tentation autobiographique ; d'autre part, elle conduit à reconsidérer (au risque de l'anachronisme) les œuvres lyriques antérieures au romantisme – ou du moins certaines d'entre elles – pour les lire au prisme de la poésie personnelle. Il faut pourtant se garder de transformer cette personnalisation en principe systématique du lyrisme : si certaines œuvres s'y prêtent particulièrement bien, d'autres invalident clairement une telle hypothèse.

Joachim du Bellay, *Les Regrets*, 10 (1558)

Dans son recueil des *Regrets*, du Bellay (1522-1560), célèbre poète de la Pléiade, évoque son séjour à Rome, la déception, l'ennui et le dégoût que provoqua en lui cette ville qu'il avait tant désiré voir, et où il dut rester quatre ans[1]. Comme son titre le laisse entendre, le recueil est habité par la plainte douloureuse du poète, qui prend souvent les accents de l'élégie*. Dans ce sonnet*, du Bellay répond à son ami Ronsard et lui explique pourquoi il a dû abandonner le français, après l'avoir pourtant si ardemment soutenu dans la *Défense et Illustration de la langue française* (1549). Ce texte a donc clairement l'apparence d'un poème personnel ; pourtant, il faut garder à l'esprit que l'émotion est la conséquence du texte plutôt que sa cause : il ne faut pas forcément croire en l'authenticité des sentiments exprimés, en une époque où la sincérité n'est pas un principe de la création littéraire.

Ce n'est le fleuve tusque[2] au superbe rivage,
Ce n'est l'air des Latins, ni le mont Palatin[3],
Qui ores[4], mon Ronsard, me fait parler latin,
Changeant à l'étranger mon naturel langage[5].

C'est l'ennui de me voir trois ans, et davantage,
Ainsi qu'un Prométhée[6], cloué sur l'Aventin,
Où l'espoir misérable et mon cruel destin,
Non le joug[7] amoureux, me détient en servage[8].

1. Du Bellay est parti à Rome de 1553 à 1558, en qualité d'intendant de son oncle, le cardinal Jean du Bellay.
2. *Tusque* : toscan, étrusque ; le « fleuve tusque » est le Tibre, qui traverse Rome.
3. Le Palatin, comme l'Aventin (v. 6), est l'une des sept collines de Rome.
4. *Ores* : maintenant, à cette heure.
5. *Mon naturel langage* : ma langue maternelle.
6. Le titan Prométhée, parce qu'il avait dérobé le feu aux dieux pour l'offrir aux hommes, fut condamné par Zeus à être enchaîné au sommet du Caucase par des liens d'acier, et à voir un aigle lui dévorer le foi, qui repoussait sans cesse.
7. *Joug* : contrainte, obligation.
8. *En servage* : en esclavage.

Eh quoi, Ronsard, eh quoi, si au bord étranger
Ovide[1] osa sa langue en barbare changer
Afin d'être entendu, qui me pourra reprendre[2]

D'un change plus heureux ? nul, puisque le françois[3],
Quoiqu'au grec et romain égalé tu te sois,
Au rivage latin ne se peut faire entendre[4].

Victor Hugo,
***Les Contemplations*, livre IV,**
« *Pauca meæ* », 14 (1856)

Avec *Les Contemplations*, Hugo (1802-1885) creuse le sillon de la poésie personnelle plus profondément encore que ne l'avait fait Lamartine : dès la préface de ce recueil, il annonce que celui-ci aurait pu s'intituler « *les Mémoires d'une âme*[5] ». C'est dire à quel point la subjectivité a été développée par les poètes romantiques, jusqu'à faire de la poésie lyrique un genre voisin de l'autobiographie. L'architecture du recueil porte la trace de cette forte dimension personnelle, puisqu'elle comporte deux grandes parties, « Autrefois » et « Aujourd'hui », séparées par le drame terrible qu'a été pour Hugo la mort de sa fille Léopoldine. Il évoque son souvenir dans ce poème extrêmement célèbre, qui s'achève par la date de sa composition. Celle-ci renforce encore la dimension autobiographique et référentielle du texte : il devient l'expression d'un état d'âme présent, donné comme sincère et authentique.

1. En 8 apr. J.-C., Ovide fut en effet exilé à Tomes, sur la mer Noire, et il apprit la langue des Gètes, qui peuplaient les rives sur lesquelles il s'était retiré.
2. *Me* [...] *reprendre* : me blâmer, me réprimander.
3. *François* : français.
4. *Entendre* : comprendre.
5. Voir l'extrait de cette célèbre préface, p. 98.

Demain, dès l'aube, à l'heure où blanchit la campagne,
Je partirai. Vois-tu[1], je sais que tu m'attends.
J'irai par la forêt, j'irai par la montagne.
Je ne puis demeurer loin de toi plus longtemps.

Je marcherai les yeux fixés sur mes pensées,
Sans rien voir au-dehors, sans entendre aucun bruit,
Seul, inconnu, le dos courbé, les mains croisées,
Triste, et le jour pour moi sera comme la nuit.

Je ne regarderai ni l'or du soir qui tombe,
Ni les voiles au loin descendant vers Harfleur[2],
Et quand j'arriverai[3], je mettrai sur ta tombe
Un bouquet de houx vert et de bruyère en fleur.

3 septembre 1847.

William Cliff, *Autobiographie*, « Enfance », 4 (1993)

Il ne manquait plus qu'un pas à franchir pour que la poésie lyrique se fasse autobiographie : William Cliff, poète contemporain de nationalité belge, l'a franchi en 1993 en publiant un recueil de cent sonnets* réguliers intitulé *Autobiographie*. L'emploi de cette forme fixe caractéristique du lyrisme inscrit explicitement cette œuvre dans la grande tradition lyrique; pourtant, Cliff transgresse les règles du genre en nouant, dès le titre du volume, un véritable pacte autobiographique avec le lecteur. Ce faisant, il semble poursuivre la logique romantique en la menant à son terme, mais il pose aussi la question des limites du lyrisme : *Autobiographie*

1. Le poète s'adresse à Léopoldine.
2. *Harfleur* : ville de Normandie, qui possède un port sur le canal de Tancarville.
3. À Villequier, village normand où se trouve la tombe de Léopoldine.

est-il un recueil de poésie lyrique ou une autobiographie ? Les deux genres peuvent-ils se confondre ? Autrement dit, le lyrisme est-il soluble dans l'autobiographie ?

je suis né à Gembloux[1] en mil neuf cent quarante
mon père était dentiste et je l'ai déjà dit
ma mère eut neuf enfants et je l'ai dit aussi
pourquoi faut-il que je revienne à cette enfance ?

j'étais un gosse à grosse bouche et grands yeux vides
qui se jetaient partout pour comprendre le monde
et plus ils se jetaient plus ils étaient avides
et moins ils comprenaient tout ce monde qui gronde

l'enfant ne comprend pas pourquoi il doit souffrir
il pleure à gorge déployée pour crier son malheur
mais la moindre bêtise aussi le fait sourire

sans qu'il comprenne pourquoi ce bonheur l'effleure
je fus un gosse riant lamentablement
dans un pays occupé par les Allemands

Autobiographie, © La Différence,
coll. « Clepsydre », 1993.

1. *Gembloux* : ville de Belgique.

L'autobiographie poétique, un genre impossible ?

Dans *L'Autobiographie en France*[1], Philippe Lejeune, spécialiste incontesté du genre, définit très clairement l'autobiographie comme « le récit rétrospectif en prose que quelqu'un fait de sa propre existence, quand il met l'accent principal sur sa vie individuelle, en particulier sur l'histoire de sa personnalité ». Si l'autobiographie est un « récit [...] en prose », cela exclut d'emblée le vers – donc la poésie (même lyrique) – de la sphère autobiographique.

Lejeune justifie cette exclusion à partir d'un critère formel : l'autobiographie doit absolument donner au lecteur une impression de vraisemblance, or le vers « porte déjà à simple lecture les "signes extérieurs" de la fiction et de l'art [...] et empêche le lecteur d'entrer dans le jeu autobiographique ». S'il est vrai que la forme versifiée peut paraître moins naturelle que la prose aux yeux du lecteur contemporain, on peut tout de même douter du fait que c'est là un critère suffisant pour exclure toute possibilité d'une poésie autobiographique : d'une part l'artificialité du vers est seulement plus apparente que celle de la prose, tout aussi peu naturelle ; d'autre part cette artificialité ne signifie pas que le propos, autrement dit l'histoire racontée, soit lui-même fictif. La « fiction » et l'« art », que Lejeune confond volontairement, ne sauraient s'identifier.

Philippe Lejeune revient sur cette définition dans *Le Pacte autobiographique*, publié en 1975 : il y maintient l'exclusion de la forme versifiée hors du genre autobiographique, mais donne une nouvelle définition de ce dernier,

1. Voir Pour en savoir plus, p. 129.

à partir de la notion de « pacte autobiographique ». Ainsi, « pour qu'il y ait autobiographie (et plus généralement littérature intime), il faut qu'il y ait identité de l'*auteur*, du *narrateur* et du *personnage*[1] ». C'est l'affirmation explicite de cette triple identité que Lejeune appelle le « pacte autobiographique » ; or il précise qu'il peut être noué dès le titre, lorsque celui-ci ne laisse « aucun doute sur le fait que la première personne renvoie au nom de l'auteur (*Histoire de ma vie, Autobiographie*, etc.)[2] ». *Autobiographie*, tel est justement le titre du recueil de William Cliff. Celui-ci noue donc un pacte autobiographique avec son lecteur et, qui plus est, lui propose bien, un « récit rétrospectif [...] de sa propre existence » qui met l'accent « sur sa vie individuelle, en particulier sur l'histoire de sa personnalité ». La forme versifiée, dès lors, ne change rien, parce que le lecteur le sait : il n'a pas l'impression qu'il s'agisse « de la fiction [ou] de l'art ». *Autobiographie* de William Cliff est bien une autobiographie, certes en vers, peut-être la première du genre, mais une autobiographie néanmoins... et ce, selon les critères mêmes de Philippe Lejeune.

1. *Le Pacte autobiographique*, Seuil, 1975, p. 15.
2. *Ibid.*, p. 27.

3. Le sujet lyrique comme fiction du *moi*

Quelques exemples ne suffisent pas à édifier une règle générale : si certains poèmes lyriques portent explicitement la marque d'une poésie personnelle, voire autobiographique, d'autres au contraire sont frappés du sceau de la fiction. On ne peut dès lors considérer que le lyrisme soit par essence l'expression de la subjectivité du poète : le *je* qui s'y exprime peut être celui d'un personnage imaginaire, d'un fantasme du poète, une voix désincarnée qui ne se confond pas avec celle de l'auteur. La subjectivité peut ainsi constituer un élément fondateur du genre de la poésie lyrique, mais il faut alors préciser que ce sujet lyrique qui dit *je* dans le poème a une identité fluctuante, variable selon les œuvres et les textes. C'est en effet ce que montre la poésie hallucinatoire de Rimbaud, tout comme les multiples *moi* que se donne Michaux dans la postface de *Plume*.

Arthur Rimbaud, « Première Lettre du Voyant » (1871)

Dans cette lettre du 13 mai 1871 adressée à son professeur et ami Georges Izambard, Rimbaud (1854-1891) expose les grands principes de son esthétique poétique dans quelques formules célèbres : le poète doit se faire « *voyant* », c'est-à-dire « arriver à l'inconnu par le dérèglement de *tous les sens* ». Le lyrisme rimbaldien n'est donc plus tourné vers l'intériorité du poète, vers sa subjectivité, mais vers le monde qui l'entoure et qu'il cherche à percevoir par tous les moyens possibles. C'est que le *moi* n'est pas une donnée immédiatement perceptible et compréhensible : « Je est un autre », le *moi* ne se confond jamais totalement avec ce qu'on en perçoit. Dès lors, Rimbaud ne peut que rejeter la poésie subjective de ses aînés romantiques, pour lui préférer ce qu'il appelle la « poésie objective » : dans cette « Première Lettre du Voyant », il affirme ainsi à Izambard que sa « poésie subjective sera toujours horriblement fadasse », et souhaite voir un jour « dans [son] principe la poésie objective ».

Maintenant je m'encrapule[1] le plus possible. Pourquoi ? je veux être poète, et je travaille à me rendre *voyant* : vous ne comprendrez pas du tout, et je ne saurais presque vous expliquer. Il s'agit d'arriver à l'inconnu par le dérèglement de *tous les sens*. Les souffrances sont énormes, mais il faut être fort, être né poète, et je me suis reconnu poète. Ce n'est pas du tout ma faute. C'est faux de dire : Je pense : on devrait dire : On me pense. – Pardon du jeu de mots. – Je est un autre. Tant pis pour le bois qui se trouve violon, et Nargue[2] aux inconscients, qui ergotent[3] sur ce qu'ils ignorent tout à fait !

Une saison en enfer, « Délirs II » (1873)

Rimbaud tenta d'appliquer les principes édictés par ses « Lettres du Voyant » dans toute sa production poétique, mais plus encore peut-être dans *Une saison en enfer* : la liberté offerte par la forme du poème en prose* est l'un des moyens par lesquels il parvient à atteindre le « dérèglement de *tous les sens* » et à montrer que « Je est un autre ». Le *moi*, comme « chaque être », semble ainsi avoir « plusieurs *autres* vies », que « les rêves les plus tristes » permettent de révéler. Les voyages imaginaires que retranscrit cet extrait de la section intitulée « Alchimie du verbe » illustrent cette pluralité du *moi*, à la fois réel et fictif : c'est ainsi que la vie se fait « immense », que le « Je » devient « un opéra fabuleux ».

---

1. *Je m'encrapule* : néologisme de Rimbaud, sur le modèle de « s'encanailler ».
2. *Nargue* : ici, substantif pris au sens de « mépris ».
3. *Ergotent* : discutent, contredisent à l'aide d'arguments fallacieux.

Alchimie du verbe

[…] Je devins un opéra fabuleux : je vis que tous les êtres ont une fatalité de bonheur[1] : l'action n'est pas la vie, mais une façon de gâcher quelque force, un énervement. La morale est la faiblesse de la cervelle.

À chaque être, plusieurs *autres* vies me semblaient dues[2]. Ce monsieur ne sait pas ce qu'il fait : il est un ange. Cette famille est une nichée de chiens. Devant plusieurs hommes, je causai tout haut avec un moment d'une de leurs autres vies. – Ainsi, j'ai aimé un porc.

Aucun des sophismes[3] de la folie, – la folie qu'on enferme, – n'a été oublié par moi : je pourrais les redire tous, je tiens le système.

Ma santé fut menacée. La terreur venait. Je tombais dans des sommeils de plusieurs jours, et, levé, je continuais les rêves les plus tristes. J'étais mûr pour le trépas[4], et par une route de dangers ma faiblesse me menait aux confins du monde et de la Cimmérie[5], patrie de l'ombre et des tourbillons.

Je dus voyager, distraire les enchantements[6] assemblés sur mon cerveau. Sur la mer, que j'aimais comme si elle eût dû me laver d'une souillure, je voyais se lever la croix consolatrice[7]. J'avais été damné par l'arc-en-ciel[8].

---

1. *Tous les êtres ont une fatalité de bonheur* : tous les êtres sont condamnés à chercher le bonheur.
2. La mort est en contradiction avec la « fatalité de bonheur » ; il faut donc penser que les êtres ont plusieurs vies.
3. *Sophismes* : discours trompeurs ; raisonnements apparemment logiques, mais faux en réalité.
4. *Le trépas* : la mort.
5. *Cimmérie* : pays de ténèbres près duquel les Anciens plaçaient le séjour des morts.
6. *Enchantements* : au sens fort, sortilèges, formules magiques.
7. Il s'agit d'une hallucination, d'un de ces « enchantements » qui prouvent la « faiblesse de la cervelle » du poète-voyant.
8. L'arc-en-ciel est, dans la Genèse (9, 12 à 17), le signe de l'alliance de Dieu et des hommes après le Déluge.

Le Bonheur était ma fatalité, mon remords, mon ver : ma vie serait toujours trop immense pour être dévouée à la force et à la beauté. […]

Henri Michaux,
***Plume* (1963)**

Sur les traces de Rimbaud, le XXe siècle a remis en question, de manière plus systématique encore, la fondation du lyrisme sur un *moi* unitaire et perceptible par la conscience. S'il reste acquis que le lyrisme est un mode subjectif, le *moi* qui s'y exprime n'a plus d'identité fixe. C'est ce qu'affirme Henri Michaux (1899-1984) dans la postface du recueil *Plume*, paru en 1963. Cet extrait est d'autant plus important qu'il ne se limite pas à la définition de la poésie lyrique : plus largement, il montre que la modernité littéraire se trouve confrontée à une crise du sujet et de l'identité. Parce que cette dernière ne va plus de soi [1], le lyrisme lui-même et, plus largement, toute littérature qui se fonde sur l'expression d'un *moi*, deviennent la retranscription d'une enquête, vaine tentative pour saisir l'insaisissable ensemble des identités du *moi*.

Postface

En lambeaux, dispersé, je me défendais et toujours il n'y avait pas de chef de tendances ou je le destituais aussitôt. Il m'agace tout de suite. Était-ce lui qui m'abandonnait ? Était-ce moi qui *le* laissais ? Était-ce moi qui *me* retenais ?

Le jeune puma naît tacheté. Ensuite, il surmonte les tachetures. C'est la force du puma contre l'ancêtre, mais il ne surmonte pas son goût de carnivore, son plaisir à jouer, sa cruauté.

Depuis trop de milliers d'années, il est occupé par les vainqueurs.

---

1. C'est aussi ce que montrent les textes des surréalistes, à commencer par le célèbre récit d'André Breton, *Nadja* (1928).

MOI se fait de tout. Une flexion dans une phrase, est-ce un autre moi qui tente d'apparaître ? Si le OUI est mien, le NON est-il un deuxième moi ?

Moi n'est jamais que provisoire (changeant face à un tel, moi *ad hominem*[1] changeant dans une autre langue, dans un autre art) et gros d'un nouveau personnage, qu'un accident, une émotion, un coup sur le crâne libérera à l'exclusion du précédent et, à l'étonnement général, souvent instantanément formé. Il était donc déjà tout constitué.

On n'est peut-être pas fait pour un seul moi. On a tort de s'y tenir. Préjugé de l'unité. (Là comme ailleurs la volonté, appauvrissante et sacrificatrice.)

Dans une double, triple, quintuple vie, on serait plus à l'aise, moins rongé et paralysé de subconscient hostile au conscient (hostilité des autres « moi » spoliés[2]).

La plus grande fatigue de la journée et d'une vie serait due à l'effort, à la tension nécessaire pour garder un même moi à travers les tentations continuelles de le changer.

On veut trop être quelqu'un.

Il n'est pas un moi. *Il n'est pas dix moi. Il n'est pas de moi. MOI n'est qu'une position d'équilibre.* (Une entre mille autres continuellement possibles et toujours prêtes.) Une moyenne de « moi », un mouvement de foule. Au nom de beaucoup je signe ce livre.

Mais l'ai-je voulu ? Le voulions nous ?

Il y avait de la pression (vis a tergo[3]).

Et puis ? J'en fis le placement. J'en fus assez embarrassé.

Chaque tendance en moi avait sa volonté, comme chaque pensée dès qu'elle se présente et s'organise a sa volonté. Était-ce la mienne ? Un tel a en moi sa volonté, tel autre, un ami, un grand homme du passé, le Gautama

1. *Ad hominem* : locution latine signifiant « contre l'homme ».
2. *Spoliés* : dépouillés, dépossédés.
3. *Vis a tergo* : locution latine signifiant « attaque par-derrière ».

Bouddha[1], bien d'autres, de moindres, Pascal[2], Hello[3]? Qui sait?

Volonté du plus grand nombre? Volonté du groupe le plus cohérent?

Je ne voulais pas vouloir. Je voulais, il me semble, contre moi, puisque je ne tenais pas à vouloir et que néanmoins je voulais.

... Foule, je me débrouillais dans ma foule en mouvement. Comme toute chose est foule, toute pensée, tout instant. Tout passé, tout ininterrompu, tout transformé, toute chose est autre chose. Rien jamais définitivement circonscrit, ni susceptible de l'être, tout : rapport, mathématiques, symboles, ou musique. Rien de fixe. Rien qui soit propriété.

Plume, © Gallimard, coll. « Poésie », 1985.

4. L'évanouissement du *je* : limite du lyrisme ?

Une tentative peut-être plus radicale consiste à fonder le lyrisme sur une instance autre que le *moi* et l'expression subjective. La remise en question du lyrisme purement subjectif et conçu comme poésie personnelle aboutit finalement à l'évanouissement du *je*, qui disparaît du poème. À l'aube du XXe siècle, la poésie de Stéphane Mallarmé cherche ainsi à faire du lyrisme un effet du texte lui-même, et non une inflexion de la voix du poète : aussi bien dans ses textes théoriques que dans ses propres poèmes, il tente de mettre en scène une poésie débarrassée de ses oripeaux subjectifs. Bien

1. *Gautama Bouddha* : le fondateur du bouddhisme, Siddhārta Gautama, auquel on a donné le nom de Bouddha, littéralement « l'Éveillé ».
2. *Blaise Pascal* : célèbre moraliste français du XVIIe siècle (1623-1662).
3. *Ernest Hello* : écrivain et penseur catholique français (1828-1885).

que Mallarmé ait été influencé par Hegel[1], ce sont, paradoxalement, les idées de Nietzsche qu'il rencontre alors : le poète français et le philosophe allemand réfutent tous deux la dimension purement subjective du lyrisme. Mais une poésie qui refuse toute subjectivité et dans laquelle le *je* du sujet lyrique s'efface et disparaît est-elle encore lyrique ?

Stéphane Mallarmé, *Crise de vers* (1897)

Stéphane Mallarmé (1842-1898) n'est pas seulement poète, il est aussi, grâce à ses nombreux textes critiques, un théoricien de la poésie et de la littérature. Dans l'un d'entre eux, intitulé de manière très symbolique *Crise de vers*, il expose les principes majeurs de la poésie qu'il voudrait écrire, au premier rang desquels la célèbre « disparition élocutoire du poète ». Autrement dit, la poésie de Mallarmé refuse de se fonder sur l'énonciation lyrique des romantiques : le poète ne doit plus se mettre en scène dans son œuvre, le *je* du sujet lyrique doit disparaître au profit du seul texte. Ce sont les mots eux-mêmes, mais aussi l'architecture et l'organisation du recueil, qui donnent sens à l'œuvre, et non plus l'instance unifiante du sujet lyrique. Pourtant, Mallarmé se réclame encore de la poésie lyrique, comme l'indique la référence au « chant » dans les premières lignes de cet extrait : il revient ainsi aux caractéristiques originelles du lyrisme. En délaissant la dimension subjective, il retrouve l'idée du chant et d'une poésie musicale. Un lyrisme dénué de toute subjectivité semble alors possible.

Parler n'a trait à la réalité des choses que commercialement : en littérature, cela se contente d'y faire une allusion ou de distraire[2] leur qualité qu'incorporera quelque idée.

À cette condition s'élance le chant, qu'une joie allégée.

Cette visée, je la dis Transposition – Structure, une autre.

---

1. Voir p. 60.
2. *Distraire* : tirer en divers sens, séparer, détacher (sens étymologique).

L'œuvre pure implique la disparition élocutoire[1] du poète, qui cède l'initiative aux mots, par le heurt de leur inégalité mobilisés ; ils s'allument de reflets réciproques comme une virtuelle traînée de feux sur des pierreries, remplaçant la respiration perceptible en l'ancien souffle lyrique ou la direction personnelle enthousiaste de la phrase.

Une ordonnance du livre de vers point[2] innée ou partout, élimine le hasard ; encore la faut-il, pour omettre l'auteur : or, un sujet, fatal, implique, parmi les morceaux ensemble, tel accord quant à la place, dans le volume, qui correspond. Susceptibilité en raison que le cri possède un écho – des motifs de même jeu s'équilibreront, balancés, à distance, ni le sublime incohérent de la mise en page romantique ni cette unité artificielle, jadis, mesurée en bloc au livre. Tout devient suspens, disposition fragmentaire avec alternance et vis-à-vis, concourant au rythme total, lequel serait le poème tu[3], aux blancs ; seulement traduit, en une manière, par chaque pendentif.

Poésies, « Plusieurs sonnets » (1887)

La « disparition élocutoire du poète » n'est peut-être jamais aussi bien illustrée que par le fameux Sonnet* en *-yx*, ainsi nommé d'après l'une des deux rimes improbables sur lesquelles se construit le poème. Derrière l'apparent hermétisme de ce texte, le lecteur peut voir une mise en scène de l'effacement du *je* et du sujet lyrique, qui s'appuie sur l'omniprésence de la négation dans le texte. Dans une version initiale du poème, Mallarmé lui donnait pour titre « Sonnet allégorique de lui-même » : détaché d'une instance énonciative explicite, le poème prend une forme d'indépendance et ne désigne plus que lui-même ; il ne renvoie plus à la subjecti-

1. *Élocutoire* : énonciative.
2. *Point* : du verbe *poindre*, « apparaître ».
3. *Tu* : participe passé du verbe *taire*.

vité de son énonciateur (qu'il soit le poète lui-même ou un sujet fictif), mais fait seulement référence à lui-même. Mallarmé ouvrit ainsi la possibilité d'une littérature autoréférentielle, qui connaîtra son âge d'or au XXe siècle.

Ses purs ongles très haut dédiant leur onyx[1],
L'Angoisse ce minuit, soutient, lampadophore[2],
Maint rêve vespéral[3] brûlé par le Phénix[4]
Que ne recueille pas de cinéraire[5] amphore

Sur les crédences[6], au salon vide : nul ptyx[7],
Aboli bibelot d'inanité[8] sonore,
(Car le Maître est allé puiser des pleurs[9] au Styx[10]
Avec ce seul objet dont le Néant s'honore[11].)

---

1. L'onyx est une pierre comparable à l'agate ; mais Mallarmé joue ici sur le sens étymologique du mot, puisqu'il désigne aussi, en grec, l'ongle ou la griffe.
2. *Lampadophore* : porteur de flambeau.
3. *Vespéral* : du soir, du couchant.
4. *Phénix* : oiseau mythologique qui, après avoir vécu plusieurs siècles, se brûle lui-même sur un bûcher pour renaître de ses cendres.
5. *Cinéraire* : qui renferme les cendres d'un mort incinéré. Faut-il voir là une image de la mort du poète, autrement dit de sa « disparition élocutoire » ?
6. *Crédences* : meubles sur lesquels on place la vaisselle.
7. *Ptyx* : ce mot n'existe pas. Mallarmé l'invente, se donnant « le charme de le créer par la magie de la rime » (lettre à Lefébure du 3 mai 1868).
8. *Inanité* : caractère de ce qui est vide, sans réalité. Le « ptyx » est bien un « bibelot d'inanité sonore », puisque ce mot n'a aucun sens. De plus, il est « aboli », parce qu'il est introuvable, comme l'indiquait la négation du vers précédent (« nul ptyx »).
9. Le Maître est parti parce qu'il n'a plus de larmes, parce qu'il est *mal-larmé* : ce jeu de mots illustre « la disparition élocutoire du poète », autrement dit la mise en scène, par Mallarmé, de sa propre absence.
10. Voir note 2 p. 38.
11. Là encore, il s'agit du « ptyx », qui appartient au Néant puisqu'il n'existe pas.

Mais proche la croisée[1] au nord vacante, un or
Agonise selon peut-être le décor
Des licornes ruant du feu contre une nixe[2],

Elle, défunte nue en le miroir[3], encor
Que, dans l'oubli fermé par le cadre [4], se fixe
De scintillations sitôt le septuor[5].

Friedrich Nietzsche, *La Naissance de la tragédie*, chapitre v (1872)

Nietzsche (1844-1900) rejoint Mallarmé dans la recherche d'un lyrisme dépouillé de sa dimension subjective, même si leurs perspectives ne sont pas immédiatement comparables : alors que le poète français tend à exclure le *je* du lyrisme, le philosophe allemand cherche à expliquer sa présence dans la tradition lyrique par un principe autre que la subjectivité. Il part en effet d'une contradiction apparente : l'art ne peut consister dans l'exposition pure et simple du *moi* de l'artiste, car l'art « sans objectivité, sans contemplation pure et désintéressée » n'existe pas. Pourtant, la voix lyrique est, traditionnellement, celle qui dit *je* : Nietzsche explique

1. *Croisée* : fenêtre.
2. *Nixe* : nymphe des eaux, terme emprunté à la mythologie germanique et scandinave.
3. Le miroir, par métaphore, désigne aussi le poème, puisqu'il est, selon le titre que Mallarmé lui avait d'abord donné, « allégorique de lui-même ».
4. C'est-à-dire le cadre du « miroir » du vers précédent.
5. Ce « septuor » de « scintillations » peut désigner les sept étoiles de la Grande Ourse, mais ce serait oublier que le sonnet n'a que lui-même pour référent : il faut plutôt y voir la « scintillation » des sept paires de rimes qui constituent le poème. On pense alors à *Crise de vers*, et à la « virtuelle traînée de feux sur des pierreries » que constituent les « reflets réciproques » des mots du poème (voir p. 75).

alors que ce *je* n'est pas celui du poète, mais celui du « cœur même du monde », de l'être originel. Le poète lyrique n'est donc plus qu'un médium par lequel s'exprime cet « un originaire » ; le *moi* lyrique, dès lors, ne saurait être lu comme l'expression directe et personnelle de l'individu qu'est le poète.

Homère, le vieillard qui rêve tout absorbé en lui-même, le type de l'artiste naïf, apollinien[1], regarde, interdit, le visage passionné d'Archiloque[2], le belliqueux serviteur des Muses dont l'existence est toute de violence et de fureur. C'est à quoi l'esthétique moderne ne saurait guère ajouter ceci, en guise d'interprétation, qu'à l'artiste « objectif » on voit ici opposé le premier artiste « subjectif ». Ce qui en vérité nous avance assez peu, nous qui tenons l'artiste subjectif pour un mauvais artiste et qui exigeons dans l'art, en tout genre et à tous les niveaux, que d'abord et surtout l'on triomphe du subjectif, qu'on se délivre du « je » et qu'on impose silence à toutes les formes individuelles de la volonté et du désir, – oui, nous qui tenons que sans objectivité, sans contemplation pure et désintéressée, il ne nous sera jamais possible de croire à la moindre création artistique véritable. C'est la raison pour laquelle, à nos yeux, l'esthétique a d'abord à résoudre ce problème : comment le « poète lyrique » est-il possible en tant qu'artiste, lui qui, d'après l'expérience de tous les temps, est celui qui dit toujours « je » et ne cesse de venir nous dévider toute la gamme chromatique de ses passions et de ses désirs ? [...]

Et voici comment : tout d'abord, en tant qu'artiste dionysiaque, le poète lyrique s'est entièrement identifié à l'un originaire, à sa douleur et à sa contradiction, et c'est

1. Nietzsche, dans *La Naissance de la tragédie*, distingue l'art apollinien et l'art dionysiaque : le premier se caractérise par la mesure, l'ordre et la sérénité, le second par l'excès et la démesure.
2. *Archiloque* : poète lyrique grec (v. 712-v. 664 av. J.-C.).

comme musique qu'il produit la copie de cet un originaire [...]. Or déjà, dans le procès[1] dionysiaque, l'artiste s'est démis de sa subjectivité : l'image que lui montre à présent son union avec le cœur même du monde est par conséquent une scène de rêve qui lui rend sensible, en même temps que le plaisir originaire à l'apparence, cette contradiction et cette douleur originaires. Le « je » du poète lyrique retentit donc depuis l'abîme de l'être ; sa « subjectivité », au sens de l'esthétique moderne, est pure chimère. [...]

Mais ce « je » n'est pas de même nature que celui de l'homme éveillé, de l'homme empirique-réel ; c'est, absolument parlant, le seul « je » véritablement existant et éternel, le seul qui repose sur le fondement des choses, – ces choses à travers la copie desquelles le génie lyrique plonge son regard jusqu'à ce fondement même. [...] En vérité Archiloque, le passionné, l'homme brûlant d'amour et de haine, n'est qu'une vision du génie, – lequel n'est déjà plus Archiloque mais le génie du monde lui-même qui exprime symboliquement sa douleur originaire dans ce substitut analogique qu'est l'homme Archiloque, alors que l'homme Archiloque, celui qui veut et qui désire subjectivement, sera bien toujours incapable, lui, d'être poète.

La Naissance de la tragédie, trad. M. Haar,
P. Lacoue-Labarthe, J.-L. Nancy,
© Gallimard, coll. « Folio », 1989.

1. *Le procès* : le processus.

III. Le destinataire lyrique

La question du sujet lyrique et de son identité occupe certes une place centrale dans la définition du genre de la poésie lyrique, mais elle ne permet pas de rendre compte de la totalité de l'expérience lyrique : à l'autre bout de l'opération énonciative qui constitue le lyrisme se trouve aussi un destinataire, que le poème met souvent en scène. Ainsi, au *je* problématique et fondateur fait écho un *tu*, auquel s'adresse le sujet lyrique. Mieux, la question du destinataire lyrique permet peut-être de clarifier celle du sujet de l'énonciation qui, on l'a vu, pose de nombreux problèmes et reste ouverte à de multiples contradictions. Comme l'affirme Joëlle de Sermet[1], « comprendre d'abord à *qui* l'on parle permettra peut-être de mieux saisir *qui* parle ». C'est que, fondamentalement, celui qui parle s'adresse forcément à quelqu'un ; or ce destinataire peut lui aussi avoir de nombreuses identités : il peut être la femme aimée, dans la longue tradition du lyrisme amoureux, mais aussi le lecteur, le poète lui-même, ou un *toi* indéterminé. Le lyrisme se donne alors comme un genre dialogique : plus encore que le lieu d'expression d'une subjectivité personnelle, il apparaît comme l'espace d'un dialogue entre un *je* et un *tu* l'un et l'autre essentiels.

1. Voir Pour en savoir plus, p. 129.

1. Le nom de l'autre : la lyrique amoureuse

Parce qu'il est souvent l'expression d'un désir, et plus particulièrement d'un désir amoureux, le lyrisme ne s'enferme pas dans la seule mise en scène du *moi*. Il se tourne alors vers l'autre, l'objet du désir, qu'il fait figurer dans le poème : « il arrive souvent, dans la poésie lyrique amoureuse, que le nom propre [...] soit l'objet visible de l'amour », écrit Martine Broda[1], avant d'ajouter que, dans la poésie lyrique, écrire « c'est faire l'amour à un nom ». Nombreux sont les exemples, parfois célèbres, de cette inscription du nom propre dans la lyrique amoureuse : qui ne sait que Dante a eu sa Béatrice, comme Ronsard son Hélène ou sa Cassandre, Scève sa Délie et Aragon son Elsa ? Ces quelques exemples montrent que, bien loin de se complaire dans la contemplation narcissique d'un *moi* obsédant, le poète lyrique est peut-être d'abord celui qui écrit dans l'ouverture à l'autre.

Maurice Scève, *Délie*, 22 (1544)

Entièrement placé sous le signe de la femme aimée, *Délie*, le recueil de Maurice Scève (1501-v. 1564), chante l'amour du poète pour une chaste dame qui incarne la perfection du monde. Le poète y exprime l'amour pur et le désir qu'il éprouve pour cette femme idéale (son nom est en effet l'anagramme de « l'idée ») ; il relie ainsi expérience amoureuse et écriture poétique, d'abord parce que le nom et la rêverie qu'il provoque sont un trait constitutif du recueil et la source la plus apparente de l'inspiration poétique. Le nom de Délie joue ainsi un rôle fondamental dans le dizain* 22 : sa place à la rime, tout comme les majuscules qui soulignent son importance, mettent le nom propre en valeur, véritable fondation de l'écriture lyrique et amoureuse.

1. Voir Pour en savoir plus, p. 129.

Comme Hécaté[1] tu me feras errer
Et vif[2] et mort cent ans parmi les Ombres;
Comme Diane[3] au Ciel me resserrer[4],
D'où descendis en ces mortels encombres[5];
Comme régnante aux infernales ombres
Amoindriras ou accroîtras mes peines.
Mais comme Lune infuse[6] dans mes veines
Celle tu fus, es et seras DÉLIE,
Qu'Amour a jointe à mes pensées vaines
Si fort que Mort jamais ne l'en délie.

Guillaume Apollinaire, *Poèmes à Lou*, 18 (1956, publication posthume)

Les lettres-poèmes qu'Apollinaire envoie à Louise de Coligny-Châtillon s'inscrivent dans un contexte personnel et autobiographique : il a rencontré cette jeune femme à Nice à la fin de l'année 1914 et a tenté de la séduire; mais, lassé par les contradictions de Louise, qui sans cesse le provoque puis se dérobe, il s'engage dans le 38e régiment d'artillerie de

1. *Comme Hécaté* : puisque tu es Hécaté. Hécate (ou Hécaté) est une déesse apparentée à Artémis dans la mythologie grecque. Liée au monde des Ombres, elle préside à la magie et aux enchantements : c'est même à elle que l'on fait remonter l'invention de la sorcellerie.
2. *Vif* : vivant.
3. Diane est la déesse romaine identifiée à l'Artémis grecque. Déesse de la Chasse, elle est une personnification de la Lune. Scève exploite donc dans ce dizain les trois dimensions associées à l'image de Diane : elle est la Lune qui règne dans le ciel, Artémis chasseresse qui règne sur la terre, et Hécate qui règne dans les Enfers, « parmi les Ombres ».
4. *Resserrer* : enfermer, retenir prisonnier.
5. *Encombres* : embarras.
6. *Infuse* : répandue.

campagne à Nîmes. Il continue d'écrire des lettres et des poèmes à celle qu'il appelle « Lou » ; le nom de la femme aimée devient alors l'objet même de l'écriture, comme dans « Adieu », où la pratique de l'acrostiche* fait du nom propre la source et l'origine du poème. Ainsi, le *moi* et le *toi* s'unissent autour du nom de la femme aimée, dans ce célèbre exemple de lyrique amoureuse.

Adieu

L'amour est libre il n'est jamais soumis au sort
O Lou le mien est plus fort encor que la mort
Un cœur le mien te suit dans ton voyage au Nord

Lettres Envoie aussi des lettres ma chérie
On aime en recevoir dans notre artillerie
Une par jour au moins une au moins je t'en prie

Lentement la nuit noire est tombée à présent
On va rentrer après avoir acquis du zan[1]
Une deux trois À toi ma vie À toi mon sang

La nuit mon cœur la nuit est très douce et très blonde
O Lou le ciel est pur aujourd'hui comme une onde
Un cœur le mien te suit jusques au bout du monde

L'heure est venue Adieu l'heure de ton départ
On va rentrer Il est neuf heures moins le quart
Une deux trois Adieu de Nîmes dans le Gard

4 février 1915.

Poèmes à Lou, © Gallimard, 1969.

1. *Zan* : petites pastilles de réglisse à sucer.

Louis Aragon, *Les Yeux d'Elsa*, « Cantique à Elsa », 6 (1942)

Dans le recueil *Les Yeux d'Elsa* [Triolet], Aragon célèbre, en 1942, la femme qui partage sa vie et inspire nombre de ses œuvres poétiques. Dans le « Cantique à Elsa », dernière section du recueil, il chante son nom sur le rythme de la valse, danse dont le nom est presque l'anagramme de celui d'Elsa. Le poème est construit sur le principe de l'alternance de couplets et de refrains (marqués par l'italique), dans lesquels l'alexandrin reproduit les quatre cellules ternaires de la valse : la musique du vers et l'évocation du nom s'unissent ainsi dans une célébration proprement lyrique.

Elsa-Valse

Où t'en vas-tu pensée où t'en vas-tu rebelle
Le Sphinx [1] reste à genoux dans les sables brûlants
La Victoire [2] immobile en est-elle moins belle
        Dans la pierre qui l'encorbelle [3]
Faute de s'envoler de l'antique chaland [4]

1. Aragon fait ici référence à la célèbre et immense sculpture égyptienne qui se trouve à Gizeh et représente un monstre à visage humain et à corps de lion, plutôt qu'au monstre ailé de la mythologie grecque qui terrorise Thèbes et que vainc Œdipe.
2. Il s'agit ici de la Victoire de Samothrace, statue visible au Louvre, grandiose femme ailée qui se pose sur la proue d'un navire (« l'antique chaland », v. 5).
3. *Encorbelle* : verbe dérivé d'« encorbellement », terme d'architecture qui désigne une construction en saillie sur un mur, soutenue par des corbeaux, c'est-à-dire des grosses pierres destinées à supporter une partie qui dépasse.
4. *Chaland* : bateau plat destiné au transport des marchandises.

Quelle valse inconnue entraînante et magique
M'emporte malgré moi comme une folle idée
Je sens fuir sous mes pieds cette époque tragique
    Elsa quelle est cette musique
Ce n'est plus moi qui parle et mes pas sont guidés

Cette valse est un vin qui ressemble au Saumur[1]
Cette valse est le vin que j'ai bu dans tes bras
Tes cheveux en sont l'or et mes vers s'en émurent
    Valsons-la comme on saute un mur
Ton nom s'y murmure Elsa valse et valsera

La jeunesse y pétille où nos jours étant courts
À Montmartre on allait oublier qu'on pleura
Notre nuit a perdu ce secret du faux-jour
    Mais a-t-elle oublié l'amour
L'amour est si lourd Elsa valse et valsera

Puis la vie a tourné sur ses talons de songes
Que d'amis j'ai perdus L'un tirait les tarots
L'autre en dormant parlait de l'amour des éponges
    Drôles de gens que l'ombre ronge
Fanfarons de l'erreur qui jouaient aux héros

Souviens-toi des chansons que chantait pour nous plaire
La négresse au teint clair ce minuit qu'on poudra
Avant l'aube en rentrant on prenait un peu l'air
    Que de nuits ainsi s'envolèrent
Ô temps sans colère Elsa valse et valsera

Achetée à crédit la machine à écrire
Nous mettait tous les mois dans un bel embarras
On n'avait pas le sou Qu'il est cher de chérir
    Mes soucis étaient tes sourires
Car je pouvais dire Elsa valse et valsera

---

1. *Saumur* : vin blanc du Val de Loire.

Puis la vie a tourné sur ses talons de verre
Le tzigane du sort changea de violon
Nous avons voyagé par un monde sévère
    Qui roulait la tête à l'envers
Des sanglots étouffés mêlés à ses flonflons[1]

Tu faisais   des bijoux   pour la ville   et le soir
Tout tournait   en colliers   dans tes mains   d'Opéra
Des morceaux   de chiffons   des morceaux   de miroir
    Des colliers   beaux comme la gloire[2]
Beaux à n'y pas croire   Elsa valse   et valsera

J'allais vendre   aux marchands   de New York   et d'ailleurs
De Berlin   de Rio   de Milan   d'Ankara
Ces joyaux   faits de rien   sous tes doigts   orpailleurs[3]
    Ces cailloux   qui semblaient des fleurs
Portant tes couleurs   Elsa valse   et valsera

Puis la vie a tourné sur ses talons de rage
Des éclairs traversaient les tubes de néon
On entendait hennir des chevaux de nuages
    Traînant des voitures d'orage
Le jazz contre un tambour troqua l'accordéon

Ce qui suit   pourrait mal   se danser   quand César
A pour vous   dévorer   les chacals   qu'il voudra
Mais quel air   tourbillonne   au tombeau   de Lazare[4]
    Entends-tu   son rythme bizarre
Au bal des hasards   Elsa valse   et valsera

1. *Flonflons* : accords bruyants d'une musique populaire.
2. Dans le domaine artistique, la « gloire » désigne l'auréole enveloppant le corps du Christ et, par extension, la représentation du ciel, de ses saints et de ses anges.
3. Un orpailleur est quelqu'un qui cherche à extraire des paillettes d'or du sable des cours d'eau, par lavages successifs.
4. Lazare est le frère de Marthe et de Marie ; il fut ressuscité par Jésus à Béthanie, et il passe pour avoir été le premier évêque de Marseille.

Nous avons traversé le cyclone et le sort
L'enfer est sur la terre et le ciel y cherra[1]
Mais voici qu'à l'horreur il succède une aurore
Et que cède à l'amour la mort
Elsa valse encore Elsa valse et valsera

Et la vie a tourné sur ses talons de paille
Avez-vous vu ses yeux Ce sont des yeux d'enfant
La terre accouchera d'un soleil sans batailles
Il faut que la guerre s'en aille
Mais seulement que l'homme en sorte triomphant

Mon amour n'a qu'un nom c'est la jeune espérance
J'en retrouve toujours la neuve symphonie
Et vous qui l'entendez du fond de la souffrance
Levez les yeux beaux fils de France
Mon amour n'a qu'un nom Mon cantique est fini

Les Yeux d'Elsa, © Seghers, 1989.

2. De *moi* à *toi* : poème lyrique, poème dialogique

Le poème lyrique ne doit pas nécessairement évoquer le nom de l'être aimé pour s'ouvrir à l'autre et prendre en compte le destinataire : le plus souvent, il s'adresse à un *toi* sans identité explicite, qui peut-être l'amant, comme dans le sonnet 14 de Louise Labé, ou même le lecteur. En définitive, l'identité du destinataire importe peu : c'est sa présence seule qui compte, parce qu'elle permet au sujet lyrique d'articuler son chant en l'inscrivant dans un dialogue de *moi* à *toi*. À ce titre, le destinataire de l'énonciation lyrique est tout aussi important que son sujet, et le genre lyrique peut être considéré comme une adresse au *toi* autant qu'une expression du *moi*. Plus encore que le genre de la subjectivité, le lyrisme apparaît alors comme celui d'un dialogue et d'une intersubjectivité poétiques.

1. *Cherra* : futur du verbe *choir*, « tomber ».

Louise Labé, *Sonnets*, 14 (1555)

Dans ses sonnets, Louise Labé (v. 1524-1566) réinvestit, les thèmes les plus traditionnels de la poésie lyrique ; ainsi, le sonnet 14 s'adresse à un *toi* dont l'identité n'est pas révélée, mais qui joue le rôle du destinataire d'un chant lyrique (on retrouve le référent musical tout au long du poème), qui mêle le thème amoureux à la conscience du temps. La structure du sonnet* rapporté, dont le sizain* reprend terme à terme les éléments évoqués par les quatrains*, permet à l'auteur de mettre en parallèle un présent encore heureux, dans lequel elle peut se livrer aux joies amoureuses, et un futur proche, dans lequel elle ne pourra plus vivre à travers l'amour et le regard de l'amant.

Tant que mes yeux pourront larmes épandre[1],
A l'heur[2] passé avec toi regretter :
Et qu'aux sanglots et soupirs résister
Pourra ma voix, et un peu faire entendre :

Tant que ma main pourra les cordes tendre
Du mignard[3] Luth[4], pour tes grâces chanter :
Tant que l'esprit se voudra contenter
De ne vouloir rien fors que toi[5] comprendre :

Je ne souhaite encore point mourir.
Mais quand mes yeux je sentirai tarir,
Ma voix cassée, et ma main impuissante,

Et mon esprit en ce mortel séjour
Ne pouvant plus montrer signe d'amante :
Prierai la Mort noircir mon plus clair jour.

1. *Épandre* : répandre, verser.
2. *L'heur* : la chance, le bonheur.
3. *Mignard* : mignon, gracieux.
4. Le luth est un instrument de musique à cordes pincées, souvent donné comme un symbole de l'inspiration poétique.
5. *Rien fors que toi* : rien d'autre que toi.

Fortune d'une forme fixe : le sonnet, de la Renaissance à aujourd'hui

L'une des formes fixes les plus traditionnelles et les plus caractéristiques de la poésie lyrique est celle du sonnet. Elle est surtout la seule à connaître une si exceptionnelle longévité : malgré toutes les révolutions poétiques, au-delà des divers mouvements et des conceptions les plus variables de la poésie, elle continue, encore aujourd'hui, d'inspirer les poètes lyriques.

Si l'origine du sonnet reste obscure, on sait toutefois que c'est l'Italien Pétrarque qui, au XVe siècle, a popularisé son usage. L'influence de l'Italie et les guerres de François Ier expliquent l'engouement de la France pour la poésie pétrarquiste ; aussi le sonnet fut-il importé en France vers 1538, principalement sous la plume de Clément Marot, qui en fixa les règles pour l'usage français.

Le sonnet traditionnel se présente sous la forme de quatorze vers (d'abord des décasyllabes* puis, au cours du XVIe siècle, surtout des alexandrins*), répartis en deux quatrains* de rimes embrassées et un sizain*, à tort présenté comme deux tercets*. En fonction de la disposition des rimes, on distingue le sonnet français (abba abba pour les deux quatrains, ccdede pour le sizain) et le sonnet italien (abba abba pour les deux quatrains, ccdeed pour le sizain).

La forme du sonnet connut un succès considérable en France dès son apparition, et Louise Labé[1], Ronsard[2] ou du Bellay[3] en écrivirent ; ce succès dura tout au long du

1. Voir p. 89.
2. Voir p. 39.
3. Voir p. 62.

XVIIe siècle : les poètes baroques l'employaient couramment et Boileau en vanta l'équilibre dans son *Art poétique* publié en 1674. Le XVIIIe siècle l'oublia quelque peu, mais il fut remis au goût du jour dès le XIXe par les romantiques, au premier rang desquels Musset et Baudelaire, qui l'utilisèrent très régulièrement. Les symbolistes surent diversifier son usage, comme Mallarmé[1], qui enrichit le jeu des rimes, ou comme Corbière[2], qui inversa sa structure traditionnelle. Les poètes les plus contemporains peuvent s'inspirer de la forme du sonnet : sa rigidité contraste alors avec la liberté de ton que certains, comme William Cliff[3], peuvent lui insuffler.

1. Voir p. 76.
2. Voir p. 112.
3. Voir p. 65.

Guy Goffette,
Le Pêcheur d'eau,
« Tout un dimanche autour du cou » (1995)

Né en Belgique en 1947, Guy Goffette est l'un des poètes contemporains les plus importants : en donnant au lyrisme une voix nouvelle, fondée sur la simplicité et sur l'évocation de la vie banale et quotidienne, il fait partie de ceux qui réinventent la poésie lyrique en l'inscrivant dans le paysage actuel. Pourtant, on retrouve dans son œuvre les traits constitutifs de la poésie lyrique traditionnelle : ainsi, dans « Tant de choses », le sujet de l'énonciation s'efface derrière un destinataire dans lequel le lecteur peut se projeter. Tout entier tourné vers ce *tu* inaugural, ce poème reprend la tradition dialogique et s'inscrit ainsi dans la lignée des grands textes lyriques.

Tant de choses

Tu as laissé dans l'herbe et dans la boue
tout un hiver souffrir le beau parasol rouge
et rouiller ses arêtes, laissé la bise [1]
abattre la maison des oiseaux

sans desserrer les dents, à l'abandon laissé
les parterres de roses et sans soin le pommier
qui arrondit la terre. Par indigence [2]
ou distraction tu as laissé

tant de choses mourir autour de toi
qu'il ne te reste plus pour reposer tes yeux
qu'un courant d'air dans ta propre maison
– et tu t'étonnes encore, tu t'étonnes

que le froid te saisisse au bras même de l'été.

Le Pêcheur d'eau, © Gallimard, 1995.

1. *Bise* : vent froid qui souffle du nord ou du nord-ouest.
2. *Indigence* : pauvreté, pénurie, au propre comme au figuré.

Jacques Réda,
Récitatif, quatrième section, II (1970)

Parfois, l'évanouissement du *moi* va de pair avec une mise en scène du *toi* : c'est le cas dans cet extrait d'un poème de Jacques Réda (né en 1929), l'un des principaux auteurs du lyrisme contemporain. En l'occurrence, le *tu* se fait *vous*, celui d'une femme désirée, dans l'évocation de laquelle le *moi* se dissout. L'un des intérêts de ce passage est de dire la fragilité de ces instances énonciatives que sont le *moi* et le *toi* : le sujet lyrique et son destinataire ne sont que des êtres de papier, produits par le poème, qui leur ôte toute réalité concrète et leur interdit de s'incarner. Ainsi, le *vous* n'est plus que ce que le sujet lyrique « nomm[ait] vous en grand tremblement de tout l'être », c'est-à-dire « ce plus rien vaporeux » ; quant au *moi*, il a « disparu », pour n'être plus qu'une voix, voire « les derniers débris de la voix ». La relation lyrique n'est donc plus d'un être à un autre, mais d'une voix qui parle à une oreille qui l'écoute.

Récitatif

[…]
Il est possible
que je vous cherche encore sans désir,
comme si quelque formalité là-bas n'avait jamais été remplie ;
possible
que là-bas je vous aie cherchée comme dans un couloir
où l'on espère simplement l'autorisation de poursuivre
le voyage au-delà par ces complications d'aéroports et de valises,
et qu'ici vous,
ce que je nommais vous en grand tremblement de tout l'être,
soyez ce plus rien vaporeux à neuf mille mètres d'altitude
qui est le ciel inexprimé de tout désir. Je me disais :
que je meure, alors je serai la nourriture insubstantielle[1] de ses lèvres,

1. *Insubstantielle* : sans consistance, abstraite.

quelque chose de moi qui peine entrera dans la courbe de son nez
et plus profond même peut-être ; je priais :
prenez-moi dans la lunaison[1] du sang, dans les pensées
qui passent de biais par éclats sous un crâne de femme, et dans
le linge au besoin prenez-moi, que baigne la chaleur de gloire. Mais voilà
qu'ici je me contenterais d'une amitié de pierre
ou de la matérialité du vent qui chasse une lessive.
C'est triste. Et non plus pas
très triste. C'est.
Ou plutôt ça n'est guère.
Je voudrais me cogner à la fonte d'une chaudière et dire brûlez-moi,
m'égarer sous des murs de suie en ruine sans rien dire – égarez-moi –
si l'on brûlait, si l'égareuse

pouvait enfin toucher mes poignets dressés dans la glace,
mes genoux déboîtés par l'inutilité de la vitesse
ou mes yeux devenus le dehors invisible de leurs paupières.
Et encore je me disais
que mort du moins glissant avec les caniveaux d'eau pure,
le granit des trottoirs, la lune aveugle sur les toits ;
que mort sombrant avec la pente interminable de la rue
où vous iriez à votre tour la nuit sans moi, perdue
entre les murs et les couloirs quand tout l'obscur remue
et remonte pour respirer timide à la surface –
au moindre signe réchappé de la profondeur décisive
(une porte qui bat, la lampe orange qui s'allume)
vous souririez songeant c'est lui comme autrefois qui m'appelle et qui m'accompagne.

---

1. *Lunaison* : mois lunaire, durée comprise entre deux nouvelles lunes.

J'ai disparu.
Non seulement de la surface où flotte et sombre vite
comme un sourire,
mais de la profondeur de paix dans les pierres j'ai disparu.
Ainsi l'eau quand se brisent le fond et les parois,
le cœur, quand son noyau sous l'absence d'amour éclate,
où le vide partout fait pente et perte se précipite –
écoutez-moi
parler encore un peu le cœur répandu dans ce vide
qui gonfle comme un sac, se ferme comme un sac – au sac
les derniers débris de la voix, du cœur qu'on évacue.

Récitatif, © Gallimard, 1970.

3. L'universalité lyrique : *je est toi*

En dernier lieu, l'adresse lyrique et la présence du destinataire permettent de justifier la subjectivité de l'énonciation lyrique : c'est aussi parce qu'il appartient au genre humain que le sujet lyrique parle de lui et de son expérience. Ainsi, nombre de poèmes proclament l'identité de *moi* et de *toi* ; lorsque le poète s'expose, c'est aussi son lecteur qu'il expose. « Ah ! insensé, qui crois que je ne suis pas toi ! » écrit Hugo dans la préface des *Contemplations* ; « – Hypocrite lecteur ! – mon semblable, – mon frère ! » s'exclame Baudelaire dans la pièce liminaire des *Fleurs du mal* : dans les deux cas, c'est sur la ressemblance de l'auteur et de son lecteur que le poète fonde la relation lyrique. Dès lors, si la poésie lyrique peut s'ancrer dans la subjectivité, c'est parce qu'elle touche à l'universel, au-delà du *moi* auquel elle semblait d'abord se restreindre.

François Villon,
***Poésies diverses* (1489, publication posthume)**

La poésie de François Villon (v. 1431-apr. 1463) présente quelques-uns des aspects les plus importants du lyrisme : ses poèmes ont souvent l'apparence de textes subjectifs, mais on ne peut les considérer comme des exemples de poésie personnelle tant la fiction semble s'y mêler à l'autobiographie. L'un de ses poèmes les plus célèbres, « L'Épitaphe de Villon en forme de ballade », plus connu sous le titre « Ballade des Pendus », a ainsi été considéré comme le véritable testament du poète. On y lit alors l'expression d'une émotion sincère, justifiée par l'existence mouvementée de l'auteur[1]. Une lecture biographique de cette ballade* paraît néanmoins réductrice : Villon donne aussi bien la parole à des pendus fictifs, qui proclament l'universalité du genre humain et le lien fondamental qui les unit à tous les hommes. Le destinataire est ainsi prié de s'identifier au sujet de l'énonciation et de se placer sous le regard de Dieu, dont le poète évoque la présence à chaque refrain.

L'Épitaphe[2] de Villon en forme de ballade

Frères humains qui après nous vivez,
N'ayez les cœurs contre nous endurcis,
Car, si pitié de nous pauvres avez,
Dieu en aura plus tôt de vous mercis[3].
Vous nous voyez ci attachés cinq, six :
Quand de[4] la chair que trop avons nourrie,
Elle est piéça[5] dévorée[6] et pourrie,
Et nous, les os, devenons cendre et poudre[7].
De notre mal personne ne s'en rie ;
Mais priez Dieu que tous nous veuille absoudre !

1. Il fut par exemple accusé de meurtre, et dut s'exiler dix ans hors de Paris.
2. *Épitaphe* : inscription gravée sur un tombeau.
3. *Mercis* : pitié.
4. *Quand de* : quant à.
5. *Piéça* : depuis longtemps.
6. *Dévorée* : détruite.
7. *Poudre* : poussière.

Si frères vous clamons, pas n'en devez
Avoir dédain, quoique fûmes occis[1]
Par justice. Toutefois, vous savez
Que tous hommes n'ont pas bon sens rassis[2];
Excusez-nous, puisque sommes transis[3],
Envers le fils de la Vierge Marie,
Que sa grâce ne soit pour nous tarie,
Nous préservant de l'infernale foudre.
Nous sommes morts, âme ne nous harie[4]
Mais priez Dieu que tous nous veuille absoudre !

La pluie nous a débués[5] et lavés,
Et le soleil desséchés et noircis ;
Pies, corbeaux, nous ont les yeux cavés[6],
Et arraché la barbe et les sourcils.
Jamais nul temps nous ne sommes assis ;
Puis çà, puis là, comme le vent varie,
À son plaisir sans cesser nous charrie[7],
Plus becquetés d'oiseaux que dés à coudre.
Ne soyez donc de notre confrérie ;
Mais priez Dieu que tous nous veuille absoudre !

Prince Jésus, qui sur tous as maîtrie[8],
Garde qu'Enfer n'ait de nous seigneurie :
À lui n'ayons que faire ni que soudre[9].
Hommes, ici n'a point de moquerie ;
Mais priez Dieu que tous nous veuille absoudre !

1. *Occis* : tués.
2. *Rassis* : calme, posé.
3. *Transis* : trépassés.
4. *Âme ne nous harie* : que personne ne nous insulte.
5. *Débués* : lessivés.
6. *Cavés* : creusés.
7. *Charrie* : balance.
8. *Maîtrie* : puissance.
9. *À lui n'ayons que faire ni que soudre* : avec lui n'ayons rien à faire ni à payer.

Victor Hugo,
Les Contemplations, « Préface » (1856)

Les Contemplations constituent le recueil le plus personnel (le plus autobiographique, serait-on tenté de dire) de Victor Hugo ; pourtant, dès la préface, l'auteur rappelle qu'il parle de son lecteur autant que de lui-même, parce que « la destinée est une » : « ma vie est la vôtre, votre vie est la mienne, vous vivez ce que je vis ». Le recueil lyrique, justement grâce à cette subjectivité qu'on lui reproche parfois, devient alors un « miroir » que le poète tend à ses lecteurs pour qu'ils s'y reconnaissent et qu'ils connaissent l'Homme. Là encore, c'est sur l'universalité du genre humain que l'auteur fonde la légitimité du lyrisme à exprimer une subjectivité : c'est parce que *je* est *toi* que le lyrisme parle de *moi*. Ainsi, comme le dit un vers isolé de Victor Hugo, « Chacun trouve son moi dans le moi d'un poète ».

98 Qu'est-ce que les *Contemplations*? C'est ce qu'on pourrait appeler, si le mot n'avait quelque prétention, *les Mémoires d'une âme.*

Ce sont, en effet, toutes les impressions, tous les souvenirs, toutes les réalités, tous les fantômes vagues, riants ou funèbres, que peut contenir une conscience, revenus et rappelés, rayon à rayon, soupir à soupir, et mêlés dans la même nuée sombre. C'est l'existence humaine sortant de l'énigme du berceau et aboutissant à l'énigme du cercueil ; c'est un esprit qui marche de lueur en lueur en laissant derrière lui la jeunesse, l'amour, l'illusion, le combat, le désespoir, et qui s'arrête éperdu « au bord de l'infini ». Cela commence par un sourire, continue par un sanglot, et finit par un bruit du clairon de l'abîme.

Une destinée est écrite là jour à jour.

Est-ce donc la vie d'un homme? Oui, et la vie des autres hommes aussi. Nul de nous n'a l'honneur d'avoir une vie qui soit à lui. Ma vie est la vôtre, votre vie est la mienne, vous vivez ce que je vis ; la destinée est une.

Prenez donc ce miroir, et regardez-vous-y. On se plaint quelquefois des écrivains qui disent *moi*. Parlez-nous de nous, leur crie-t-on. Hélas ! quand je vous parle de moi, je vous parle de vous. Comment ne le sentez-vous pas ? Ah ! insensé, qui crois que je ne suis pas toi !

Ce livre contient, nous le répétons, autant l'individualité du lecteur que celle de l'auteur. *Homo sum* [1]. Traverser le tumulte, la rumeur, le rêve, la lutte, le plaisir, le travail, la douleur, le silence ; se reposer dans le sacrifice, et, là, contempler Dieu ; commencer à Foule et finir à Solitude, n'est-ce pas, les proportions individuelles réservées, l'histoire de tous ?

Guernesey, mars 1856.

Charles Baudelaire,
Les Fleurs du mal (1857)

Un an après *Les Contemplations*, Baudelaire tient le même raisonnement que Victor Hugo dans le poème ouvrant son recueil des *Fleurs du mal*, « Au Lecteur ». Après avoir annoncé les thèmes majeurs du recueil – la « vermine », la « Mort », « l'Ennui » surtout –, Baudelaire interpelle son lecteur et lui rappelle qu'il doit prendre cela pour lui. La lecture qui consisterait à voir dans son œuvre une simple expression de l'état d'esprit du poète serait réductrice : ce n'est pas son cœur qu'il ouvre, mais celui de l'Homme, comme l'indique l'usage du pronom *nous* dès la première strophe. Au lecteur de ne pas être « hypocrite » et de voir que c'est aussi de lui que parle son « frère » le poète : *moi* ou *toi*, nous sommes tous « semblable[s] ».

1. *Homo sum* : expression latine signifiant « je suis un être humain ».

Au Lecteur

La sottise, l'erreur, le péché, la lésine[1],
Occupent nos esprits et travaillent nos corps,
Et nous alimentons nos aimables remords,
Comme les mendiants nourrissent leur vermine[2].

Nos péchés sont têtus, nos repentirs sont lâches ;
Nous nous faisons payer grassement nos aveux,
Et nous rentrons gaiement dans le chemin bourbeux,
Croyant par de vils pleurs laver toutes nos taches.

Sur l'oreiller du mal c'est Satan Trismégiste[3]
Qui berce longuement notre esprit enchanté[4],
Et le riche métal de notre volonté
Est tout vaporisé par ce savant chimiste.

C'est le Diable qui tient les fils qui nous remuent !
Aux objets répugnants nous trouvons des appas[5] ;
Chaque jour vers l'Enfer nous descendons d'un pas,
Sans horreur, à travers des ténèbres qui puent.

Ainsi qu'un débauché pauvre qui baise et mange
Le sein martyrisé d'une antique catin[6],
Nous volons au passage un plaisir clandestin
Que nous pressons bien fort comme une vieille orange.

---

1. *Lésine* : avarice mesquine.
2. *Vermine* : ensemble des insectes parasites de l'homme, puces, poux, etc.
3. Voir note 1, p. 40.
4. *Enchanté* : au sens étymologique, ensorcelé.
5. *Appas* : appâts. Cette forme archaïque désignait spécialement dans la langue classique les charmes féminins.
6. *Catin* : prostituée.

Dans nos cerveaux malsains, comme un million
[d'helminthes[1],
Grouille, chante et ripaille un peuple de Démons,
Et, quand nous respirons, la Mort dans nos poumons
S'engouffre, comme un fleuve, avec de sourdes plaintes.

Si le viol, le poison, le poignard, l'incendie
N'ont pas encore brodé de leurs plaisants dessins
Le canevas banal de nos piteux destins,
C'est que notre âme, hélas ! n'est pas assez hardie.

Mais parmi les chacals, les panthères, les lyces[2],
Les singes, les scorpions, les vautours, les serpents,
Les monstres glapissants, hurlants, grognants, rampants,
Dans la ménagerie infâme de nos vices

Il en est un plus laid, plus méchant, plus immonde !
Quoiqu'il ne fasse ni grands gestes ni grands cris,
Il ferait volontiers de la terre un débris
Et dans un bâillement avalerait le monde ;

C'est l'Ennui ! – l'œil chargé d'un pleur involontaire,
Il rêve d'échafauds en fumant son houka[3].
Tu le connais, lecteur, ce monstre délicat,
– Hypocrite lecteur, – mon semblable, – mon frère !

1. *Helminthes* : vers intestinaux, parasites de l'homme.
2. *Lyces* : femelles des loups ou des chiens de chasse.
3. *Houka* : pipe orientale.

André Gill, « Victor Hugo »,
Les Hommes d'aujourd'hui, 1878.

Cette caricature représente Hugo en véritable « Roi-Soleil », qui pose sa lyre triomphante sur le monde : elle n'est plus l'instrument de la musicalité du vers, mais l'arme d'une domination. C'est aussi l'enflure lyrique que vise ce dessin : le lyrisme romantique, et singulièrement hugolien, s'est tant complu dans l'hyperbole que le monde lui-même paraît trop étroit pour lui.

V. Le lyrisme en questions

La poésie lyrique, tout au long de son histoire, n'a cessé d'être l'objet de multiples critiques, qui rejetaient le plus souvent ses fondements génériques ou thématiques : ainsi, la subjectivité à laquelle elle donne généralement la voix fut la cible d'attaques réitérées, en particulier à la fin du XIXe siècle. Certains poètes, réagissant à l'emphase romantique, ont remis en cause l'idée d'un lyrisme fondé sur un *moi* démesuré et omniprésent. Rimbaud, par exemple, jugeait la « poésie subjective [...] horriblement fadasse » et appela de ses vœux la fondation d'une « poésie objective », d'un lyrisme débarrassé de ce qu'il considérait comme des niaiseries sentimentales. Ces critiques se poursuivirent tout au long du XXe siècle, jusqu'à Francis Ponge, qui condamna le « cancer romantico-lyrique », ou Christian Prigent, qui réduisit le lyrisme à l'expression de la « béance baveuse du *moi* ». Mais le lyrisme – subjectif, sentimental, ou même obscène pour certains – trouva dans ces reproches, qu'ils soient justifiés ou non, la source de son renouvellement : ainsi, les critiques du lyrisme donnèrent naissance à un lyrisme critique, détaché de ses oripeaux romantiques.

1. Critiques du lyrisme

C'est surtout à partir de la seconde moitié du XIXe siècle qu'une certaine *modernité* littéraire s'attaque au lyrisme pour critiquer son fondement subjectif ou ses thèmes traditionnels. Réduisant la poésie lyrique à l'expérience romantique, elle stigmatise l'importance accordée au sujet lyrique et à l'expression des sentiments ; surtout, elle souligne les dérives possible d'un genre qui se prête, plus que tout autre peut-être, à l'hyperbole, à l'emphase et au pathétique exacerbé. C'est d'ailleurs au cours de ce XIXe siècle que l'adjectif « lyrique » a pris une nuance péjorative, pour qualifier un enthousiasme excessif. Reste cependant que ces critiques n'invalident pas la valeur littéraire des œuvres lyriques : s'il est vrai que certains poèmes ou certains recueils peinent à sortir du cliché, nombreux sont ceux qui jouent avec les frontières du genre, qui savent renouveler les thèmes et les formes, et qui proposent un lyrisme toujours renaissant.

Gustave Flaubert,
Madame Bovary, II, 12 (1857)

Flaubert (1821-1880) entretenait des relations ambiguës avec le lyrisme ; il identifiait ainsi en lui « deux bonshommes distincts : un qui est épris de gueulades, de lyrisme, de grands vols d'aigle, de toutes les sonorités de la phrase et des sommets de l'idée ; un autre qui creuse et fouille le vrai tant qu'il peut ». Cette méfiance envers le lyrisme trouve son expression littéraire dans la condamnation du personnage d'Emma Bovary : nourrie de romans et de poèmes romantiques, elle finit par confondre la fiction stéréotypée des ouvrages lyriques et la réalité qui l'entoure, beaucoup plus morne. Dans cette célèbre page de *Madame Bovary*, Flaubert décrit ainsi les rêves niais et sentimentaux de son héroïne et, ce faisant, oppose l'esthétique réaliste au romantisme lyrique.

Emma ne dormait pas, elle faisait semblant d'être endormie ; et, tandis qu'il[1] s'assoupissait à ses côtés, elle se réveillait en d'autres rêves.

Au galop de quatre chevaux, elle était emportée depuis huit jours vers un pays nouveau, d'où ils[2] ne

---

1. Charles Bovary, le mari d'Emma.
2. Le pluriel désigne le couple formé par Emma et son amant, Rodolphe, un gentilhomme campagnard.

reviendraient plus. Ils allaient, ils allaient, les bras enlacés, sans parler. Souvent, du haut d'une montagne, ils apercevaient tout à coup quelque cité splendide avec des dômes, des ponts, des navires, des forêts de citronniers et des cathédrales de marbre blanc, dont les clochers aigus portaient des nids de cigognes. On marchait au pas, à cause des grandes dalles, et il y avait par terre des bouquets de fleurs que vous offraient des femmes habillées en corset rouge. On entendait sonner des cloches, hennir les mulets, avec le murmure des guitares et le bruit des fontaines, dont la vapeur s'envolant rafraîchissait des tas de fruits, disposés en pyramide au pied des statues pâles, qui souriaient sous les jets d'eau. Et puis ils arrivaient, un soir, dans un village de pêcheurs, où des filets bruns séchaient au vent le long de la falaise et des cabanes. C'est là qu'ils s'arrêteraient pour vivre. Ils habiteraient une maison basse, à toit plat, ombragée d'un palmier, au fond d'un golfe, au bord de la mer. Ils se promèneraient en gondole, ils se balanceraient en hamac, et leur existence serait facile et large comme leurs vêtements de soie, toute chaude et étoilée comme les nuits douces qu'ils contempleraient. Cependant, sur l'immensité de cet avenir qu'elle se faisait apparaître, rien de particulier ne surgissait ; les jours, tous magnifiques, se ressemblaient comme des flots ; et cela se balançait à l'horizon, infini, harmonieux, bleuâtre et couvert de soleil. Mais l'enfant[1] se mettait à tousser dans son berceau, ou bien Bovary ronflait plus fort, et Emma ne s'endormait que le matin, quand l'aube blanchissait les carreaux et que déjà le petit Justin[2], sur la place, ouvrait les auvents de la pharmacie.

1. Berthe, la fille d'Emma et de Charles.
2. Employé du pharmacien Homais.

Francis Ponge,
***Pièces* (1962)**

C'est aussi pour condamner l'emphase et l'excès lyriques que Francis Ponge (1899-1988) a, contre ceux qui mettent en avant le *moi*, choisi *Le Parti pris des choses*, titre de son recueil le plus célèbre (1942). Avec humour et légèreté, il propose une critique du lyrisme dans un poème en prose* au titre évocateur : il faut prendre le mot « pompe » dans son sens concret (le lyrisme est une machinerie rutilante, avec « gros tuyaux » et « bruit profond »), mais aussi dans son sens abstrait, qui désigne un cérémonial et, péjorativement, une certaine grandiloquence (le lyrisme est alors un art « pompier », académique et emphatique, voire prétentieux). Ponge décide aussi de parodier le style lyrique, lorsqu'il multiplie les exclamations hyperboliques ou qu'il joue sur un sentimentalisme ironique.

La pompe lyrique

Lorsque les voitures de l'assainissement public[1] sont arrivées nuitamment dans une rue, quoi de plus poétique ! Comme c'est bouleversant ! À souhait ! On ne sait plus comment se tenir. Impossible de dissimuler son émotion.

Et si l'on se trouve avec quelque ami, ou fiancée, l'on voudrait rentrer sous terre.

C'est une honte comparable seulement à celle de l'enfant dont on découvre les poésies.

Mais par soi-même comme c'est beau ! Ces lourds chevaux, ces lourdes voitures qui font trembler le quartier comme une sorte d'artillerie, ces gros tuyaux, et ce bruit profond, et cette odeur qui inspirait Berlioz[2], ce

1. *De l'assainissement public* : des services de la voirie.
2. *Berlioz* : musicien français (1803-1869).

travail intense et quelque peu précipité – et ces aspirations confuses – et ce que l'on imagine à l'intérieur des pompes et des cuves, ô défaillance !

Pièces, © Gallimard, 1971.

2. L'invention d'un lyrisme critique

Les poètes se sont finalement emparés des critiques qui leur étaient adressées pour renouveler le lyrisme en le détachant de son emphase et de son sentimentalisme traditionnels ; lorsque Rimbaud demande l'avènement d'une « poésie objective », il ne rejette pas l'idée même du lyrisme : c'est plutôt sa refondation et son évolution qu'il appelle de ses vœux. Ainsi, de nombreux poètes, jusqu'aux plus contemporains, ont tenté de conduire le lyrisme vers des terres qui lui étaient inconnues : certains, comme Baudelaire, ont renouvelé ses thèmes, en l'ouvrant à une esthétique de la laideur. D'autres, comme Laforgue, lui ont donné une langue populaire, à l'opposé des enflures stylistiques que Ponge dénoncera. D'autres encore ont fait prendre au lyrisme la voix de l'ironie : la poésie grinçante de Corbière contribue elle aussi à ce renouvellement lyrique. Certains, enfin, ouvrent ce genre poétique au prosaïsme, tel Jude Stéfan qui l'inscrit dans des lieux que la tradition aurait considérés comme antipoétiques. Toutes ces tentatives se rejoignent dans ce qu'on pourrait appeler un lyrisme critique, ou ironique, qui rejette le cliché lyrique et le style emphatique dans lequel cette poésie avait pu, par le passé, s'enfermer.

Charles Baudelaire,
Les Fleurs du mal,« Speen et Idéal », 27 (1857)

Avec *Les Fleurs du mal*, Baudelaire est l'un des premiers poètes à œuvrer pour un renouvellement du lyrisme : en faisant de la laideur et du monstrueux des valeurs esthétiques, il rompt avec les canons poétiques du premier romantisme et conduit le lyrisme vers une redéfinition de son objet. Ainsi, « Une charogne » reprend le thème traditionnel de la fuite du temps et de la fragilité de la beauté[1], mais l'illustre par une image nouvelle et répugnante. Tout, après « Une charogne », peut être poétique, tout peut être l'occasion du chant lyrique.

Une charogne[2]

Rappelez-vous l'objet que nous vîmes, mon âme,
Ce beau matin d'été si doux :
Au détour d'un sentier une charogne infâme
Sur un lit semé de cailloux,

Les jambes en l'air, comme une femme lubrique,
Brûlante et suant les poisons,
Ouvrait d'une façon nonchalante et cynique[3]
Son ventre plein d'exhalaisons[4].

Le soleil rayonnait sur cette pourriture,
Comme afin de la cuire à point,
Et de rendre au centuple à la grande Nature
Tout ce qu'ensemble elle avait joint.

Et le ciel regardait la carcasse superbe
Comme une fleur s'épanouir ;
– La puanteur était si forte que sur l'herbe
Vous crûtes vous évanouir ; –

1. Thème éminemment lyrique, que Ronsard, par exemple, avait exploité dans nombre de ses sonnets.
2. *Charogne* : cadavre d'homme ou d'animal en décomposition.
3. *Cynique* : effrontée.
4. *Exhalaisons* : émanations.

Les mouches bourdonnaient sur ce ventre putride[1],
D'où sortaient de noirs bataillons
De larves qui coulaient comme un épais liquide
Le long de ces vivants haillons[2].

Tout cela descendait, montait comme une vague,
Ou s'élançait en pétillant;
On eût dit que le corps, enflé d'un souffle vague,
Vivait en se multipliant.

Et ce monde rendait une étrange musique
Comme l'eau courante et le vent,
Ou le grain qu'un vanneur d'un mouvement rythmique
Agite et tourne dans son van[3].

Les formes s'effaçaient et n'étaient plus qu'un rêve.
Une ébauche lente à venir,
Sur la toile oubliée, et que l'artiste achève
Seulement par le souvenir.

Derrière les rochers une chienne inquiète
Nous regardait d'un œil fâché,
Épiant le moment de reprendre au squelette
Le morceau qu'elle avait lâché.

– Et pourtant vous serez semblable à cette ordure,
À cette horrible infection,
Étoile de mes yeux, soleil de ma nature,
Vous, mon ange et ma passion!

1. *Putride*: pourri.
2. *Haillons*: lambeaux, guenilles.
3. *Van*: panier plat à l'aide duquel on trie le grain.

Oui, telle vous serez, ô la reine des grâces,
Après les derniers sacrements[1],
Quand vous irez sous l'herbe et les floraisons grasses
Moisir parmi les ossements.

Alors, ô ma beauté, dites à la vermine
Qui vous mangera de baisers
Que j'ai gardé la forme et l'essence divine
De mes amours décomposés !

Jules Laforgue,
***Les Complaintes* (1885)**

Dans la « Complainte* des Printemps », Jules Laforgue bouscule les clichés et le style de l'héritage lyrique : le printemps n'est plus synonyme de renouveau, mais marque le retour d'un désir trompeur et décevant. Quant à l'écriture, elle s'ouvre au style populaire et familier, en multipliant par exemple les marques d'oralité. Le ton lui-même contribue à rompre avec la tradition : le poème est construit sur l'alternance de deux voix, la première énonçant les faits, la seconde les commentant dans un registre ironique et railleur. C'est donc le « printemps » du lyrisme que Laforgue donne ici à lire.

Complainte des Printemps

Permettez, ô sirènes,
Voici que votre haleine
Embaume la verveine[2] ;
C'est l'printemps qui s'amène !

– Ce système, en effet, ramène le printemps,
Avec son impudent[3] cortège d'excitants.

---

1. *Les derniers sacrements* : l'extrême-onction, que le prêtre donne à l'agonisant.
2. *Verveine* : plante verte odorante.
3. *Impudent* : effronté.

Ôtez donc ces mitaines[1] ;
Et n'ayez, inhumaine,
Que mes soupirs pour traîne ;
Ous'qu'il y a de la gêne…[2]

– Ah ! yeux bleus méditant sur l'ennui de leur art !
Et vous, jeunes divins, aux soirs crus de hasard !

Du géant à la naine,
Vois, tout bon sire entraîne
Quelque contemporaine,
Prendre l'air, par hygiène…

– Mais vous saignez ainsi pour l'amour de l'exil !
Pour l'amour de l'Amour ! D'ailleurs ainsi soit-il…

T'ai-je fait de la peine ?
Oh ! viens vers les fontaines
Où tournent les phalènes[3]
Des Nuits Élyséennes[4] !

– Pimbêche aux yeux vaincus, bellâtre aux beaux jarrets
Donnez votre fumier à la fleur du Regret.

Voilà que son haleine
N'embaum' plus la verveine !
Drôle de phénomène…
Hein, à l'année prochaine ?

---

1. *Mitaines* : gants qui laissent découvertes les deux dernières phalanges.
2. Allusion au dicton populaire : « Où il y a de la gêne, il n'y a pas de plaisir. »
3. *Phalènes* : papillons de nuit.
4. *Élyséennes* : qui appartiennent à l'Élysée, c'est-à-dire, dans la mythologie grecque, au séjour éternel des âmes vertueuses.

– Vierges d'hier, ce soir traîneuses de fœtus,
À genoux ! voici l'heure où se plaint l'Angélus[1].

Nous n'irons plus au bois[2],
Les pins sont éternels,
Les cors ont des appels !...

Neiges des pâles mois,
Vous serez mon missel[3] !
– Jusqu'au jour de dégel.

Tristan Corbière, *Les Amours jaunes*, « Les Amours jaunes » (1873)

Tout, dans « Le Crapaud » de Corbière (1845-1875), se donne comme une remise en cause de la tradition lyrique : il exploite, certes, la forme du sonnet, mais l'inverse pour écrire un sonnet renversé*. Le « chant » est certes présent, mais c'est celui d'un poète « crapaud », bien éloigné de l'aigle et du rossignol romantiques, ou même de « l'albatros » baudelairien, qui constituait déjà une certaine dégradation dans la représentation du Poète. Quant aux clichés amoureux ou sentimentaux qui se dessinent dans le premier tercet*, ils sont annulés par l'irruption de la laideur, de la « boue » et de l'« horreur ». Le recueil des *Amours jaunes* porte bien son nom : si les « amours » l'inscrivent dans la tradition lyrique, les rires « jaunes » qu'ils provoquent montrent l'avènement d'un lyrisme ironique, loin de l'emphase romantique.

1. *Angélus* : son de cloche qui annonce une prière en l'honneur de la Vierge, récitée le matin, à midi et le soir.
2. Vers emprunté à une célèbre comptine.
3. *Missel* : livre de prières.

Le Crapaud

Un chant dans une nuit sans air…
La lune plaque[1] en métal clair
Les découpures du vert sombre.

… Un chant ; comme un écho, tout vif
Enterré, là, sous le massif…
– Ça se tait : Viens, c'est là, dans l'ombre…

– Un crapaud ! – Pourquoi cette peur,
Près de moi, ton soldat fidèle !
Vois-le, poète tondu, sans aile,
Rossignol de la boue… – Horreur ! –

… Il chante. – Horreur ! ! – Horreur pourquoi ?
Vois-tu pas son œil de lumière…
Non : il s'en va, froid, sous sa pierre.
....
Bonsoir – ce crapaud-là c'est moi.

Ce soir, 20 juillet.

Jude Stéfan, *À la vieille Parque*, « Titres » (1989)

La poésie de Jude Stéfan (né en 1930) contribue elle aussi à ce renouveau lyrique : elle s'appuie sur un style très recherché, parfois même hermétique, mais s'intéresse à des objets familiers, à des lieux prosaïques et à des thèmes très éloignés des clichés traditionnels. Ainsi en est-il de « bordel 85 », qui invente un lyrisme de « chair » et de « mégots », dans « l'église-entrepôt » transformée en « bordel », en lieu de débauches.

1. Ici, *plaquer* signifie superposer une plaque de métal sur autre chose.

bordel 85

ici je viens quêter la chair
au sol guetter les mégots
à la tombée des robes
dans l'église-entrepôt
jaillit le coquelicot sang
(humains qui savourez les combats de coqs)
donnez-nous une vie de humboldt [1]
avant enterrement mozartien [2] avec
chien dans la neige et purifiant oubli
tant qu'il y aura des herbes
en attendant bénissons les blés par la fenêtre
prise à témoin la terre
en décubitus latéral [3]

À la vieille Parque, © Gallimard, 1984.

1. *Wilhelm von Humboldt* (1767-1835) : érudit, philologue et diplomate prussien, qui fonda l'université de Berlin en 1809; son frère Alexandre (1769-1859), géographe, fut un explorateur réputé.
2. *Mozartien* : adjectif formé à partir du nom de Mozart, l'illustre compositeur autrichien (1756-1791), qui connut une fin misérable et eut un enterrement sordide, dans une fosse commune.
3. *Décubitus latéral* : attitude du corps qui repose en position horizontale; on distingue le décubitus dorsal (sur le dos), ventral (sur le ventre) et latéral (sur le côté).

Néolyrisme ou littéralisme : contrastes de la poésie contemporaine

S'il est réducteur et quelque peu caricatural, le débat poétique contemporain, qui oppose les « littéralistes » aux néolyriques, éclaire néanmoins les enjeux du lyrisme et le sens de son retour au premier plan, à la fin du XXe siècle. La tendance est double dans ce paysage où poètes et théories s'affrontent sur une question d'une trompeuse simplicité : que *dit* un poème ? Dit-il le monde, ou ne fait-il, si l'on peut dire, que s'autosignifier ? Autrement dit, la poésie doit-elle s'ouvrir au monde qui l'entoure, ou doit-elle plutôt se tourner vers elle-même, dans des jeux linguistiques et formalistes ? Les poètes des années 1980 semblent avoir privilégié soit l'une soit l'autre de ces deux positions : c'est durant cette période que se sont dessinées les grandes lignes d'un débat qui, aujourd'hui encore, occupe l'avant-scène de la production poétique. D'un côté, après Artaud, Ponge ou Queneau, dans la lignée du groupe de la revue *Tel Quel* [1] et de Denis Roche, les tenants du littéralisme donnent pour objet à leurs poèmes la poésie elle-même, la langue et l'autoréférence. De l'autre côté, dans la tradition ouverte par Verlaine et Apollinaire, les néolyriques affirment que la poésie se doit de dire le monde et de ne pas s'en tenir à la seule autoréférence. Ce débat a trouvé ses assises théoriques dans deux essais importants, celui de Jean-Marie Gleize, *A noir*, sous-titré « Poésie et littéralité [2] », qui justifie la démarche littérale, et celui de Jean-Claude Pinson, *Habiter en poète*, plus largement sous-titré « Essai sur la poésie contemporaine [3] », qui vient appuyer philosophiquement la position néolyrique.

1. *Tel Quel* : nom d'une revue littéraire d'avant-garde, fondée en 1960 et dirigée par Philippe Sollers.
2. Jean-Marie Gleize, *A noir, poésie et littéralité*, Seuil, 1992.
3. Voir Pour en savoir plus, p. 129.

Ce renouveau lyrique est apparu sous l'impulsion des éditions Gallimard qui, au début des années 1980, ont publié de nombreux recueils s'inscrivant dans la tradition lyrique, parmi lesquels ceux de Jude Stéfan[1], de William Cliff[2] et de Guy Goffette[3]. Cette renaissance ne put se faire qu'en considération des critiques maintes fois répétées à l'encontre du lyrisme ; ces poètes durent tenir compte de ces reproches pour ne pas retomber dans les travers qui parfois menacent le lyrisme. Dès lors, la voix de ce néolyrisme devait « traduire avec justesse, sans emphase ni *pathos*, les mouvements intérieurs de l'âme », comme l'écrit Jean-Michel Maulpoix dans *La Voix d'Orphée*[4]. Le lyrisme devait donc évoluer pour ne pas se contenter de réinvestir les clichés et les traditions de la poésie lyrique. Cette conversion ne s'est pas pour autant engagée dans une seule direction : c'est que la notion même de lyrisme est suffisamment large, ses contours suffisamment flous, pour regrouper sous son étendard des poètes finalement très différents.

1. Voir p. 113.
2. Voir p. 65.
3. Voir p. 92.
4. Voir Pour en savoir plus, p. 129.

Dossier

L'ode, forme lyrique par excellence

L'ode désigne à l'origine le poème lyrique de l'Antiquité, mais, lorsqu'en 1550 Ronsard publie son premier recueil d'*Odes*, elle devient une forme poétique à part entière. On distingue deux types d'ode : le premier est l'ode pindarique [1], composée de trois éléments récurrents, la strophe, l'antistrophe et l'épode. Strophe et antistrophe se développent sur le même schéma formel, alors que l'épode adopte une structure différente : cela correspond en fait à l'origine musicale de l'ode, lorsque cette division s'accompagnait de danses et de chants. L'autre type est l'ode anacréontique [2], dont la forme est beaucoup plus libre : sa longueur est très variable, elle se divise en strophes et s'appuie sur des vers généralement brefs, qui correspondent eux aussi à l'accompagnement musical originel.

La tradition poétique fit très tôt de l'ode la forme lyrique par excellence, voire le modèle du poème originel, comme Victor Hugo l'affirme dans la préface de ses *Odes et ballades* (1822) : « c'était sous cette forme que les inspirations des premiers poètes apparaissaient jadis aux premiers peuples ». C'est que l'ode, plus que tout autre poème lyrique, dépend de son origine musicale, que l'on retrouve dans sa structure même. Aussi Jean-Michel Maulpoix écrit-il que « l'ode est la forme mère du lyrisme. Ce mot, en grec, signifie "chant". C'est dans l'union qu'il établit entre la parole et la musique que se définit à l'origine la poésie lyrique [3] ». Ainsi, c'est avec l'ode que l'on retrouve la particularité générique du lyrisme : ce qui fonde son originalité, c'est le fait d'être un chant, réconciliant parole et musique.

Les premières odes françaises furent écrites par Pierre de Ronsard ; reprenant la structure de l'ode pindarique, il fait se succéder strophe, antistrophe et épode, reliées par une forte unité thé-

1. Imitée du poète grec Pindare (518-438 av. J.-C.).
2. Imitée du poète grec Anacréon (VIe siècle av. J.-C.).
3. Jean-Michel Maulpoix, « L'ode, ou le lyrisme parfait », dans *Du lyrisme* (voir Pour en savoir plus, p. 129).

matique. La treizième triade de la célèbre *Ode à Michel de L'Hospital*[1] imagine les paroles de Jupiter, qui s'adresse aux Muses, ses filles, pour leur confier la charge d'inspirer les hommes. La strophe reconstitue une mythologique chaîne de l'inspiration qui, partant de Jupiter, va jusqu'aux hommes, en passant par Apollon, les Muses et le Poète. L'antistrophe développe cette théorie de l'inspiration en reprenant la doctrine des « quatre fureurs », que le néoplatonisme avait remise à la mode au XVIe siècle. Dieu élève l'âme des hommes en leur inspirant la fureur de la Poésie (don des Muses), la fureur des Mystères religieux (don de Dionysos), la fureur de la Prophétie (don d'Apollon) ou la fureur de l'Amour (don d'Aphrodite). Enfin, l'épode fait l'éloge du pouvoir d'inspiration de Jupiter, et rappelle que le don de la fureur poétique ne peut être donné qu'à des hommes « Pur[s] de vice et réparé[s] / De la vertu précieuse ».

Pierre de Ronsard, *Odes* (1552)

Ode à Michel de L'Hospital

Strophe 13

Comme l'Aimant sa force inspire
Au fer qui le touche de près,
Puis soudain ce fer tiré, tire
Un autre qui en tire après :
Ainsi du bon fils de Latone[2]
Je ravirai l'esprit à moi,
Lui, du pouvoir que je lui donne,
Ravira les vôtres à soi[3] :

1. Chancelier de Madame Marguerite, sœur du roi François Ier, Michel de L'Hospital a soutenu Ronsard dans la faveur royale ; pour l'en remercier, le poète lui a consacré cette ode célèbre.
2. Périphrase désignant Apollon, fils de Zeus (Jupiter chez les Romains) et de Léto (ou Latone). Dieu de la Musique et de la Poésie, il préside aux jeux des Muses.
3. *À soi* : à lui.

Vous, par la force Apollinée[1]
Ravirez les Poètes saints,
Eux, de votre puissance atteints,
Raviront la tourbe étonnée[2].

Antistrophe

Afin (ô Destins) qu'il n'advienne
Que le monde appris faussement[3],
Pense que votre métier vienne
D'art[4], et non de ravissement[5] :
Cet art pénible, et misérable
S'éloignera de toutes parts
De votre métier honorable,
Démembré en diverses parts,
En Prophétie, en Poésies,
En Mystères, et en Amour,
Quatre fureurs, qui tour à tour
Chatouilleront vos fantaisies[6].

Épode

Le trait[7] qui fuit de ma main
Si tôt par l'air ne chemine,
Comme[8] la fureur divine
Vole dans un cœur humain :
Pourvu qu'il soit préparé,
Pur de vice, et réparé[9]

---

1. *Apollinée* : adjectif formé sur le nom d'Apollon.
2. *La tourbe étonnée* : la foule frappée de stupeur.
3. *Appris faussement* : mal informé.
4. *Art* : ici, au sens de « technique ».
5. *Ravissement* : inspiration divine, extase (au sens mystique).
6. *Chatouilleront vos fantaisies* : exciteront votre imagination.
7. *Trait* : arme lancée avec l'arc ou la main ; il s'agit ici du foudre, faisceau enflammé qui est l'attribut de Jupiter.
8. *Si tôt* [...] *comme* : aussi vite que.
9. *Réparé* : orné.

De la vertu précieuse.
» Jamais les Dieux saints et bons
» Ne répandent leurs saint dons
» Dans une âme vicieuse[1].

Après Ronsard, l'ode ne cessa d'inspirer les poètes lyriques, comme en témoignent les *Odes* (1791-1794) d'André Chénier, les *Odes et Ballades* (1828) de Victor Hugo ou les *Odes funambulesques* (1857) de Théodore de Banville. Quant à Gérard de Nerval, il insère dans *Petits Châteaux de Bohême* (1853) quelques brefs poèmes, qu'il appelle *Odelettes*. L'odelette peut être définie comme une petite ode d'une strophe, le plus souvent un dizain* ou un douzain* ; mais Nerval adapte cette forme à ses besoins, et propose des odelettes de quelques strophes, comme le poème « Avril », qui en compte deux. La parenté avec l'ode reste néanmoins frappante : sur le modèle de l'ode pindarique, les deux strophes de ce poème ont une structure identique, très musicale ; le lyrisme des *Odelettes* continue à faire signe vers la musicalité du vers et de la langue.

Gérard de Nerval, *Odelettes* (1853)

Avril

Déjà les beaux jours, – la poussière,
Un ciel d'azur et de lumière,
Les murs enflammés, les longs soirs ; –
Et rien de vert : – à peine encore
Un reflet rougeâtre décore
Les grands arbres aux rameaux noirs !

Ce beau temps me pèse et m'ennuie.
– Ce n'est qu'après des jours de pluie
Que doit surgir, en un tableau,
Le printemps verdissant et rose,
Comme une nymphe fraîche éclose,
Qui, souriante, sort de l'eau.

1. Les guillemets signalent les maximes qui énoncent une vérité générale. Procédé courant dans l'édition des XVIe et XVIIe siècles.

Au XXe siècle encore, la forme de l'ode continue d'inspirer les plus grands poètes lyriques, parmi lesquels Victor Segalen, dont les *Odes* furent publiées en 1926 de façon posthume, ou encore André Breton, qui en 1947 consacra une *Ode à Charles Fourier*. Mais c'est surtout Paul Claudel qui illustra le mieux cette forme. Avec ses *Cinq Grandes Odes*, parues en 1910, il renouvelle la forme en remplaçant les vers par des versets * : dès lors, l'ode s'éloigne de la métrique de ses origines, mais conserve encore une forme de musicalité. Surtout, Claudel renoue avec la tradition thématique de l'ode, qui consiste à célébrer les dieux ou les hommes vertueux. Qu'elles soient consacrées aux « Muses » ou à « l'Esprit et [à] l'Eau », ses odes sont empreintes d'une grandeur toute religieuse, comme le montre cet extrait de la deuxième des *Cinq Grandes Odes*.

Paul Claudel,
***Cinq Grandes Odes*, 2 (1910)**

L'Esprit et l'Eau

Mon Dieu qui connaissez chaque homme avant qu'il ne naisse par son nom,
Souvenez-vous de moi alors que j'étais caché dans la fissure de la montagne,
Là où jaillissent les sources d'eau bouillante et de ma main sur la paroi colossale de marbre blanc !
Ô mon Dieu quand le jour s'éteint et que Lucifer[1] tout seul apparaît à l'Orient,
Nos yeux seulement, ce ne sont pas nos yeux seulement, notre cœur, notre cœur acclame l'étoile inextinguible[2],
Nos yeux vers sa lumière, nos eaux vers l'éclat de cette goutte glorifiée !
Mon Dieu, si vous avez placé cette rose dans le ciel, doué
De tant de gloire ce globule d'or dans le rayon de la lumière créée,

1. *Lucifer* : nom d'une étoile.
2. *Inextinguible* : qu'il est impossible d'éteindre.

Combien plus l'homme immortel animé de l'éternelle intelligence !
Ainsi la vigne sous ses grappes traînantes, ainsi l'arbre fruitier dans le jour de sa bénédiction,
Ainsi l'âme immortelle à qui ce corps périssant ne suffit point !
Si le corps exténué désire le vin, si le cœur adorant salue l'étoile retrouvée,
Combien plus à résoudre l'âme désirante ne vaut point l'autre âme humaine ?
Et moi aussi, je l'ai donc trouvée à la fin, la mort qu'il me fallait ! J'ai connu cette femme. J'ai connu l'amour de la femme.
J'ai possédé l'interdiction. J'ai connu cette source de soif !
J'ai voulu l'âme, la savoir, cette eau qui ne connaît point la mort ! J'ai tenu entre mes bras l'astre humain !
Ô amie, je ne suis pas un dieu,
Et mon âme, je ne puis te la partager et tu ne peux me prendre et me contenir et me posséder.
Et voici que, comme quelqu'un qui se détourne, tu m'as trahi, tu n'es plus nulle part, ô rose !

Cinq Grandes Odes,

Le registre lyrique hors de la poésie

Même si le lyrisme se rencontre le plus souvent dans la poésie, il ne se confond pas avec elle : en tant que registre, il peut aussi se trouver au théâtre, dans le roman ou la littérature intime, en vers ou même en prose. On pourrait être tenté de définir le registre lyrique comme celui de l'expression des sentiments et de la mise en scène du *moi* ; on a vu à quel point ces éléments se retrouvaient effectivement dans la poésie lyrique. Il est néanmoins plus intéressant de le considérer comme l'affleurement du chant dans des genres qui ne lui sont pas consacrés, autrement dit comme la tentation poétique du théâtre ou du récit. Il n'y a aucun sens à qualifier tel ou tel passage de roman de « poétique », car il est évident pour le lecteur qu'il ne s'agit pas là de poésie. En revanche, il serait plus légitime de le désigner comme « lyrique » : ce registre est alors le point de rencontre de la poésie et de tous les autres genres qui, comme elle, peuvent avoir la tentation du chant.

Il est d'ailleurs remarquable que tous ces exemples d'un lyrisme autre que poétique témoignent d'un travail du langage, de ses sonorités et de ses rythmes, qui les rattache assez clairement aux préoccupations du poète. Il en est ainsi des fameuses « stances » de Rodrigue dans *Le Cid*, tragédie de Pierre Corneille. D'abord synonyme de « strophe », le mot « stance » a désigné, dans les pièces classiques, un monologue lyrique dans lequel le personnage, seul sur scène, exprime ses doutes et ses sentiments. Cela rattache clairement les stances à la subjectivité lyrique, tout comme le traitement réservé à la versification dans ces passages : alors que les tragédies classiques sont le plus souvent composées d'alexandrins à rimes plates, les stances sont hétérométriques* et proposent un système de rimes plus élaboré. Ainsi, cette attention portée au vers dans les stances relève elle aussi de préoccupations lyriques, autrement dit d'une volonté de traduire par les mots la musicalité d'un chant.

Pierre Corneille, *Le Cid*, acte I, scène VII (1637)

DON RODRIGUE, *seul.*

Percé jusques au fond du cœur
D'une atteinte imprévue aussi bien que mortelle,
Misérable[1] vengeur d'une juste querelle[2],
Et malheureux objet d'une injuste rigueur,
Je demeure immobile, et mon âme abattue
Cède au coup qui me tue.
Si près de voir mon feu[3] récompensé,
Ô Dieu ! l'étrange[4] peine !
En cet affront mon père est l'offensé,
Et l'offenseur le père de Chimène.

---

1. *Misérable* : digne de pitié.
2. *Querelle* : cause.
3. *Feu* : ardeur amoureuse.
4. *Étrange* : extraordinaire.

Que je sens de rudes combats !
Contre mon propre honneur mon amour s'intéresse [1],
Il faut venger un père, et perdre une maîtresse,
L'un échauffe mon cœur [2], l'autre retient mon bras,
Réduit au triste [3] choix ou de trahir ma flamme [4],
Ou de vivre en infâme,
Des deux côtés mon mal est infini.
Ô Dieu ! l'étrange peine !
Faut-il laisser un affront impuni ?
Faut-il punir le père de Chimène ?

Père, maîtresse, honneur, amour,
Illustre tyrannie, adorable contrainte,
Par qui de ma raison la lumière est éteinte,
À mon aveuglement rendez un peu de jour.
Cher et cruel espoir [5] d'une âme généreuse
Mais ensemble [6] amoureuse,
Noble ennemi de mon plus grand bonheur
Qui fais toute ma peine,
M'es-tu donné pour venger mon honneur ?
M'es-tu donné pour perdre ma Chimène ?

Il vaut mieux courir au trépas ;
Je dois [7] à ma maîtresse aussi bien qu'à mon père,
Qui venge cet affront irrite sa colère,
Et qui peut le souffrir [8], ne la mérite pas.
Prévenons la douleur d'avoir failli contre elle,
Qui nous serait mortelle.

---

1. *S'intéresse* : s'engage.
2. *Cœur* : courage.
3. *Triste* : affligeant, mortel.
4. *Flamme* : amour.
5. Rodrigue s'adresse à l'épée que lui a donnée son père pour le venger.
6. *Ensemble* : en même temps.
7. *Je dois* : j'ai des devoirs envers.
8. *Le souffrir* : le supporter.

Tout m'est fatal, rien ne me peut guérir,
Ni soulager ma peine,
Allons, mon âme, et puisqu'il faut mourir,
Mourons du moins sans offenser Chimène.

Mourir sans tirer ma raison[1] !
Rechercher un trépas si mortel à ma gloire !
Endurer que l'Espagne impute à ma mémoire
D'avoir mal soutenu l'honneur de ma maison !
Respecter un amour dont mon âme égarée
Voit la perte assurée !
N'écoutons plus ce penser suborneur[2]
Qui ne sert qu'à ma peine,
Allons, mon bras, du moins sauvons l'honneur,
Puisque aussi bien il faut perdre Chimène.

Oui, mon esprit s'était déçu[3],
Dois-je pas à mon père avant qu'à ma maîtresse ?
Que je meure au combat, ou meure de tristesse,
Je rendrai mon sang pur comme je l'ai reçu.
Je m'accuse déjà de trop de négligence,
Courons à la vengeance,
Et tous[4] honteux d'avoir tant balancé[5],
Ne soyons plus en peine
(Puisque aujourd'hui mon père est l'offensé)
Si l'offenseur est père de Chimène.

Il peut paraître évident de considérer comme lyrique un passage de tragédie classique écrit en vers : cette parenté formelle du théâtre et de la poésie suffirait alors à justifier cette position. Pourtant, il arrive

---

1. *Sans tirer ma raison* : sans obtenir réparation.
2. *Suborneur* : qui détourne, qui trompe.
3. *Déçu* : trompé.
4. L'adverbe *tout*, aujourd'hui invariable, peut s'accorder jusqu'à la fin du XVIIe siècle. Puisque Rodrigue parle de lui-même à la première personne du pluriel, il s'accorde donc au pluriel.
5. *Balancé* : hésité.

que la prose adopte elle aussi le registre lyrique, en particulier dans la littérature intime d'inspiration autobiographique. Là encore, la subjectivité qui s'y énonce et l'attention portée au *moi* peuvent expliquer l'apparition du lyrisme. Néanmoins, il est intéressant de noter que le récit lyrique, à la fin du XVIIIe siècle et au début du XIXe, exploite la forme de la prose poétique*. Ainsi Rousseau, dans la « Cinquième promenade » des *Rêveries du promeneur solitaire*, raconte la communion du *moi* et du monde qui l'environne, dans une prose inspirée des procédés de la poésie.

Jean-Jacques Rousseau, *Les Rêveries du promeneur solitaire*, Cinquième promenade (1782, publication posthume)

Quand le soir approchait je descendais des cimes de l'île et j'allais volontiers m'asseoir au bord du lac sur la grève[1] dans quelque asile[2] caché ; là le bruit des vagues et l'agitation de l'eau fixant mes sens et chassant de mon âme toute autre agitation la plongeaient dans une rêverie délicieuse où la nuit me surprenait souvent sans que je m'en fusse aperçu. Le flux et le reflux de cette eau, son bruit continu mais renflé par intervalles frappant sans relâche mon oreille et mes yeux suppléaient aux mouvements internes que la rêverie éteignait en moi et suffisaient pour me faire sentir avec plaisir mon existence, sans prendre la peine de penser. De temps à autre naissait quelque faible et courte réflexion sur l'instabilité des choses de ce monde dont la surface des eaux m'offrait l'image : mais bientôt ces impressions légères s'effaçaient dans l'uniformité du mouvement continu qui me berçait, et qui sans aucun concours actif de mon âme ne laissait pas de m'attacher au point qu'appelé par l'heure et par le signal convenu je ne pouvais m'arracher de là sans effort.

1. *Grève* : plage de sable et de gravier.
2. *Asile* : lieu protégé, à l'abri.

La prose poétique* correspond donc volontiers aux passages les plus lyriques d'un récit subjectif, surtout lorsqu'il relève de la sphère autobiographique. Chateaubriand sut à son tour évoquer l'intensité de ses sentiments et de ses émotions dans les pages lyriques de ses *Mémoires d'outre-tombe* : il utilisa, comme Rousseau avant lui, les ressources de la prose poétique*. Le registre lyrique hors de la poésie correspond d'une part à l'expression pleinement subjective de la vie du *moi*, d'autre part à la tentative de fonder une prose aussi musicale que le vers, au point qu'on a pu l'appeler « prose poétique* ». Le chant, plus encore que les sentiments, est ainsi la marque du lyrisme. C'est finalement ce qu'indique le titre de cet extrait des *Mémoires d'outre-tombe* : une « incantation » est une formule magique, mais aussi un chant, conformément à l'étymologie du mot.

François René de Chateaubriand, *Mémoires d'outre-tombe*, I, livre 3 (1848)

Incantation

La nuit descendait ; les roseaux agitaient leurs champs de quenouilles et de glaives[1], parmi lesquels la caravane emplumée, poules d'eau, sarcelles, martins-pêcheurs, bécassines, se taisait ; le lac battait ses bords ; les grandes voix de l'automne sortaient des marais et des bois : j'échouais mon bateau au rivage et retournais au château. Dix heures sonnaient. À peine retiré dans ma chambre, ouvrant mes fenêtres, fixant mes regards au ciel, je commençais une incantation. Je montais avec ma magicienne sur les nuages : roulé dans ses cheveux et dans ses voiles, j'allais, au gré des tempêtes, agiter la cime des forêts, ébranler le sommet des montagnes, ou tourbillonner sur les mers. Plongeant dans l'espace, descendant du trône de Dieu aux portes de l'abîme[2], les mondes étaient livrés à la puissance de mes amours. Au milieu du désordre des éléments, je mariais

1. Images employées pour décrire la forme des « roseaux » ; les « glaives » sont les tiges, les « quenouilles » les chaumes.
2. *Abîme* : gouffre très profond.

avec ivresse la pensée du danger à celle du plaisir. Les souffles de l'aquilon[1] ne m'apportaient que les souvenirs de la volupté ; le murmure de la pluie m'invitait au sommeil sur le sein d'une femme. Les paroles que j'adressais à cette femme auraient rendu des sens à la vieillesse, et réchauffé le marbre des tombeaux. Ignorant tout, sachant tout, à la fois vierge et amante, Ève innocente, Ève tombée[2], l'enchanteresse par qui me venait ma folie était un mélange de mystères et de passions : je la plaçais sur un autel et je l'adorais. L'orgueil d'être aimé d'elle augmentait encore mon amour. Marchait-elle ? Je me prosternais pour être foulé sous ses pieds, ou pour en baiser la trace. Je me troublais à son sourire ; je tremblais au son de sa voix ; je frémissais de désir, si je touchais ce qu'elle avait touché. L'air exhalé de sa bouche humide pénétrait dans la moelle de mes os, coulait dans mes veines au lieu de sang. Un seul de ses regards m'eût fait voler au bout de la terre ; quel désert ne m'eût suffi avec elle ! À ses côtés, l'antre des lions se fût changé en palais, et des millions de siècles eussent été trop courts pour épuiser les feux dont je me sentais embrasé.

Pour en savoir plus

Le lyrisme dans le système des genres

Dominique COMBE, *Poésie et récit. Une rhétorique des genres*, José Corti, 1989.

Gérard GENETTE, *Introduction à l'architexte*, Seuil, coll. « Poétique », 1979.

–, *Fiction et diction*, Seuil, coll. « Poétique », 1991.

Käte HAMBURGER, *Logique des genres littéraires*, Seuil, coll. « Poétique », 1986.

1. *Aquilon* : vent du nord, froid et violent.
2. C'est-à-dire Ève après la Chute, une fois qu'elle a « connu » Adam.

Histoire de la notion

Gustavo GUERRERO, *Poétique et poésie lyrique*, Seuil, coll. « Poétique », 2000.

Jean-Michel MAULPOIX, « Incertitudes d'un néologisme », *Du lyrisme*, José Corti, 2000.

Yves VADÉ, « L'émergence du sujet lyrique à l'époque romantique », in Dominique RABATÉ (dir.), *Figures du sujet lyrique*, PUF, coll. « Perspectives littéraires », 1996.

L'énonciation lyrique

Martine BRODA, *L'Amour du nom. Essai sur le lyrisme et la lyrique amoureuse*, José Corti, 1997.

Nathalie DAUVOIS, *Le Sujet lyrique à la Renaissance*, PUF, coll. « Études littéraires Recto-Verso », 2000.

Dominique RABATÉ, « Énonciation poétique, énonciation lyrique », *Figures du sujet lyrique, op. cit.*

Joëlle DE SERMET, « L'adresse lyrique », in Dominique RABATÉ (dir.), *Figures du sujet lyrique, op. cit.*

Lyrisme et autobiographie

Dominique COMBE, « La référence dédoublée : le sujet lyrique entre fiction et autobiographie », in Dominique RABATÉ (dir.), *Figures du sujet lyrique, op. cit.*

Laurent JENNY, « Fictions du Moi et figurations du Moi », in Dominique RABATÉ (dir.), *Figures du sujet lyrique, op. cit.*

Philippe LEJEUNE, *L'Autobiographie en France* [1971], Armand Colin, coll. « Cursus Lettres », 1998.

Le néolyrisme

Jean-Michel MAULPOIX, *La Voix d'Orphée*, José Corti, 1989.

–, « Comédies de la soif : du lyrisme contemporain… », *La Poésie comme l'amour. Essai sur la relation lyrique*, Mercure de France, 1998.

Jean-Claude PINSON, *Habiter en poète. Essai sur la poésie contemporaine*, Champ Vallon, coll. « Recueil », 1995.

Glossaire

Acrostiche : poème dont les lettres initiales de chaque vers, lorsqu'elles sont lues verticalement, forment le nom d'une personne ou d'une chose (voir « Adieu » d'Apollinaire, p. 84).

Art poétique : texte, en vers ou en prose, qui enseigne les règles de composition des poèmes et qui permet à son auteur d'exposer ses grands principes esthétiques ; il a alors valeur de manifeste (voir « Art poétique » de Verlaine, p. 50).

Ballade : voir encadré, p. 47.

Chant royal : voir encadré, p. 47.

Complainte : poème populaire de tonalité triste ou plaintive, écrit à l'origine sur deux rimes, mais de forme relativement libre (voir la « Complainte des Printemps » de Laforgue, p. 110).

Décasyllabe : vers de dix syllabes.

Distique : ensemble formé par deux vers. À proprement parler, il ne s'agit pas d'une strophe ; en effet, cette dernière compte au moins deux rimes, autrement dit quatre vers. Dès lors, le distique et le tercet * ne sont pas exactement des strophes.

Dit : à l'origine, petit poème à but moral ou plaisant, composé sur un thème de la vie quotidienne, puis poème beaucoup plus étendu, en forme de monologue ou de dialogue, à vocation morale ou didactique (voir l'extrait du *Voir Dit* de Machaut, p. 44).

Dizain : strophe de dix vers.

Douzain : strophe de douze vers.

Élégie : genre de la poésie antique repris par les poètes français au XVIe siècle ; ne désigne pas une forme fixe, mais un poème lyrique fondé sur le thème du malheur, de la nostalgie et de la mélancolie (voir « Ce n'est le fleuve tusque… » de du Bellay, p. 63).

Ennéasyllabe : vers de neuf syllabes.

Envoi : dernière strophe d'une ballade * ou d'un chant royal *. Son schéma de rimes correspond généralement à celui de la deuxième moitié de chacune des strophes du poème. Il commence le plus souvent par une apostrophe au personnage auquel le poème est dédié.

HÉMISTICHE : moitié d'un vers, séparée de l'autre moitié par la césure. Seuls les vers complexes (qui comptent plus de huit syllabes) peuvent être séparés en deux hémistiches.

HÉTÉROMÉTRIQUE : utilisation, dans un même poème ou une même strophe, de vers de longueur variable (voir les stances de Rodrigue dans *Le Cid* de Corneille, p. 124).

HUITAIN : strophe de huit vers.

ISOMÉTRIQUE : antonyme d'hétérométrique* ; utilisation, dans un même poème ou une même strophe, de vers de même longueur.

OCTOSYLLABE : vers de huit syllabes.

POÈME EN PROSE : poème qui, bien que délaissant la forme versifiée, s'appuie sur des structures récurrentes lui donnant une unité, et sur des recherches de rythmes, de sonorités et d'images propres à la poésie (voir « La pompe lyrique » de Francis Ponge, p. 106).

PROSE POÉTIQUE : écriture en prose qui emprunte à la poésie ses thèmes traditionnels, tels que la peinture de la nature ou des sentiments, mais aussi ses procédés les plus courants (voir l'extrait des *Mémoires d'outre-tombe* de Chateaubriand, p. 129).

QUATRAIN : strophe de quatre vers.

QUINTIL : strophe de cinq vers.

RONDEAU : voir encadré, p. 48.

SIZAIN : strophe de six vers.

SONNET : voir encadré, p. 90.

SONNET RENVERSÉ : poème qui inverse le système des strophes du sonnet traditionnel ; il commence donc par un sizain, et s'achève par deux quatrains. Le système des rimes est lui aussi inversé (voir « Le Crapaud » de Corbière, p. 113).

TERCET : ensemble formé par trois vers. À proprement parler, il ne s'agit pas d'une strophe (voir distique*).

VERSET : à l'origine, unité constituée en bref paragraphe dans les textes sacrés. Par la suite, le verset a désigné, dans des textes poétiques, des ensembles qui excèdent les limites du vers, jusqu'à compter plusieurs lignes (voir l'extrait de « L'Esprit et l'Eau » de Claudel, p. 122). Comme un paragraphe, le verset commence souvent par un alinéa.

VIRELAI : voir encadré, p. 48.

DERNIÈRES PARUTIONS

ANDERSEN
La Petite Fille et les allumettes et autres contes (2171)

AU NOM DE LA LIBERTÉ
Poèmes de la Résistance (2106)

BALZAC
Ferragus (2148)

BARBEY D'AUREVILLY
Les Diaboliques (2190)
Le Rideau cramoisi
Le Bonheur dans le crime

BAROQUE ET CLASSICISME (2172)

BARRIE (JAMES MATTHEW)
Peter Pan (2192)

BAUDELAIRE
Les Fleurs du mal (2115)

BERNARDIN DE SAINT-PIERRE
Paul et Virginie (2170)

LA BIOGRAPHIE (2155)

CARRIÈRE (JEAN-CLAUDE)
La Controverse de Valladolid (2164)

CHAMISSO
L'Étrange Histoire de Peter Schlemihl (2174)

LA CHANSON DE ROLAND (2151)

CEUX DE VERDUN
Les écrivains et la Grande Guerre (2134)

LES CHEVALIERS DU MOYEN ÂGE (2138)

CHRÉTIEN DE TROYES
Lancelot ou le Chevalier de la charrette (2116)

LE CRIME N'EST JAMAIS PARFAIT
Nouvelles policières (2163)

DIDEROT
Supplément au Voyage de Bougainville (2189)

DUMAS
Les Trois Mousquetaires
1. Les ferrets de la reine (2142)
2. La vengeance de Milady (2144)

LA FARCE DU CUVIER et autres farces du Moyen Âge (2139)

LES GRANDES HEURES DE ROME (2147)

HOLDER (ÉRIC)
Mademoiselle Chambon (2153)

HUGO
Claude Gueux (2121)
Notre-Dame de Paris (2160)

L'HUMANISME ET LA RENAISSANCE (2165)

JARRY
Ubu Roi (2105)

LA BRUYÈRE
Les Caractères (2186)

LES LUMIÈRES (2158)

MÉRIMÉE
Carmen (2145)

LES MÉTAMORPHOSES D'ULYSSE
Réécritures de l'*Odyssée* (2167)

MOLIÈRE
Le Bourgeois gentilhomme (2133)
L'École des femmes (2143)

MONSTRES ET CHIMÈRES (2191)

MUSSET
Il faut qu'une porte soit ouverte ou fermée. Un caprice (2149)

MYTHES ET DIEUX DE L'OLYMPE (2127)

ON N'EST PAS SÉRIEUX QUAND ON A QUINZE ANS
Adolescence et littérature (2156)

PAROLES DE LA SHOAH (2129)

LA PEINE DE MORT
De Voltaire à Badinter (2122)

PIRANDELLO
Six Personnages en quête d'auteur (2181)

RÉALISME ET NATURALISME (2159)

LE ROMANTISME (2162)

ROSTAND
Cyrano de Bergerac (2112)

SAUMONT (ANNIE)
Aldo, mon ami et autres nouvelles (2141)

SÉVIGNÉ (MME DE)
Lettres (2166)

LE SURRÉALISME (2152)

SWIFT
Voyage à Lilliput (2179)

VILLIERS DE L'ISLE-ADAM
Véra et autres nouvelles fantastiques (2150)

VIVRE AU TEMPS DES ROMAINS (2184)

GF Flammarion

04/04/106599-IV-2004 – Impr. MAURY Eurolivres, 45300 Manchecourt.
N° d'édition FG217301. – Avril 2004. – Printed in France.